五轮书

[日]宫本武藏 著
林娟芳 译

华中科技大学出版社
http://press.hust.edu.cn
中国·武汉

图书在版编目（CIP）数据

五轮书/（日）宫本武藏著；林娟芳译. -- 武汉：华中科技大学出版社，2019.1（2025.7 重印）

（世界三大兵书系列）

ISBN 978-7-5680-4068-6

Ⅰ.①五… Ⅱ.①宫… ②林… Ⅲ.①兵法－日本－古代 Ⅳ.① E893.13

中国版本图书馆 CIP 数据核字（2018）第 218951 号

五轮书
Wulun Shu

（日）宫本武藏 著
林娟芳 译

策划编辑：亢博剑
责任编辑：张　丛
装帧设计：周　彧
责任校对：张会军
责任监印：朱　玢
出版发行：华中科技大学出版社（中国·武汉）　电话：（027）81321913
　　　　　武汉市东湖新技术开发区华工科技园　邮编：430223
印　　刷：武汉科源印刷设计有限公司
开　　本：880mm×1230mm 1/32
印　　张：4.5
字　　数：96 千字
版　　次：2025 年 7 月第 1 版第 8 次印刷
定　　价：22.00 元

本书若有印装质量问题，请向出版社营销中心调换
全国免费服务热线：400-6679-118 竭诚为您服务
版权所有　侵权必究

出版说明

小说家说，有人的地方就有江湖，有江湖就有争斗。思想家说，一切人类历史都是阶级斗争的历史，阶级斗争构成了直至今日的全部成文历史的内容。而战争，就是这种争斗和矛盾表现出的最高形式和暴力手段。

广义而言，战争并非人类独有，大部分动物之间都有战争行为。然而，只有人类的战争，才具备毁灭性、残酷性、目的性等社会特征，才会形成特定的客观规律。因为战争是你死我活的斗争，是不同利益集团、不同民族、不同国家之间解决矛盾的最高和最后手段，因此，战争一旦爆发，谁都想成为赢家。那么，怎样才能赢得战争呢？在经历了大量而长期的战争之后，人们不断摸索，探究战争规律，终于形成一门专门的科学——兵学（更广义的称呼是斗争哲学，近现代以来称军事科学）。

在整个军事史上，历代兵家名将可以说是灿若星辰，关于战争的艺术性和规律性的军事著作也层出不穷。而最为人所称道、能代表斗争哲学最高成就的，就是"世界三大兵书"：即中国人孙武著《孙子兵法》，德国人卡尔·冯·克劳塞维茨著《战争论》，日本人宫本武藏著《五轮书》。

三大兵书涵盖全部斗争哲学的精髓：孙子重谋（战略）、克氏重术（战术）、宫氏重器（兵器）。《孙子兵法》成书于春秋战国时期，仅6000字左右，是世界公认的第一部兵书，其内容之博大、理论之精深、逻辑之严密，在人类历史上无出其右者，被尊为"兵学圣典"，在世界范围内产生了巨大影响。《战争论》出版于19世纪30年代，是西方近代军事理论的奠基之作；全书总字数约70万字，分3卷，共8篇120余章，今编者将其中讲述当时的古典战法内容删减，保留了20万字左右的精华内容。《五轮书》成书于1643年，约4万字，分5卷，系统阐述了各种剑道刀法的运用，并引申至军事范畴，今天人们将其应用于职场生存、商业竞争、企业管理等各领域，被誉为无往不胜的经典之作。

时至今日，首先，我们虽然身处和平环境，但战争阴霾从未远去。其次，激烈的社会竞争，其实质是另外一场没有硝烟的战争。人与人之间的争斗与矛盾，将与人类永存。从这个意义上讲，多学习、多了解一些斗争哲学，似乎永远都有必要。再次，《孙子兵法》代表了以中国人为主体的东方斗争哲学，《战争论》集中体现了典型的西方战争思想，《五轮书》则承载了单一岛国民族的斗争观，从比较文化的角度来观察分析，也具有重大的启发意义。有鉴于此，我社特编辑出版世界三大兵书丛书，以飨读者。由于时间仓促，限于编者水平，必然存在疏漏，敬请读者朋友们批评指正。

在这本《五轮书》编辑过程中，如下人员提供了帮助，在此谨表谢意（排名不分先后）：

方兰兰 王刚 王丽 王余姣 王茜 王傲雪 王慧 何涛 齐小雷 李世忠 刘三红 刘佳 刘晓侠 刘珺 陈云强 陈利红 陈凯 陈雪枚 陈瑛 陈辉 陈露

译 者 序

日本是我国一衣带水的邻邦，两国在历史上又素有恩怨纠葛，因此，尤以近代以来，我们对日本文化的研究向来关注。在其独特的文化体系中，武士道精神是不可忽视的重要组成部分。无论是装备上瑰丽鲜艳的盔甲、锋利无比的武士刀，还是精神上的忠君侍主、杀身成仁，都独树一帜。"二战"后期，日本军队采用的自杀战术也让美国等西方国家震惊，《菊与刀》就是从西方视角对日本文化解析的尝试，而《五轮书》则是宫本武藏总结其一生剑法和兵法之专著，其中所蕴含的武学之道在商业等领域亦被奉为圭臬，实为研究日本武道乃至日本文化不可不读之经典。

作者宫本武藏（1584—1645），原名新免武藏，出生于日本冈山县英田郡，日本战国末期至江户时代初期的剑术家、兵法家。从13岁初次战胜对手开始，一生决斗60余次，战无不胜；更在29岁时于"船岛决斗"中以自制的一把四尺二寸的木刀将名满天下的剑士佐佐木小次郎斩杀，获得"剑圣"称号。但他并不满足于此，继续潜心研究20余年，开创"二天一流"剑道，终成一代宗师。其传奇事迹口口相传，至今我们还可在众多影视、漫画、游戏作品中一睹其形象。

全书以地、水、火、风、空五个卷本分别展开阐述，既有内在的逻辑联系，又有生动的展示说明，详细介绍了他一招必杀的决斗秘技和独特的兵法诡道。地之卷，主要对兵法之道进行简要概括，指出核心在于掌握工具、熟练技巧、顺势而为，并介绍本流派的基本观点，强调学习兵法之道需要把握的九个法则。水之卷，以水为隐喻，从心态、体态、眼力、手法、姿势、套路、战术等方面介绍技法要点，决胜之道如水到渠成。火之卷，把战争比作火势，成败在一瞬间，必须根据战争中千变万化的情况，占据有利地形，知己知彼，把握先机，出其不意，攻其不备，克敌制胜。风之卷，记载各流派兵法的风格，有古代风格，也有现代风格，通过不同流派特点的比较，进而深入了解本流派的要义，切实把握其精髓。空之卷，阐述如何自然地领悟真实的兵法之道。只要领悟了兵法的要义，就可以运用自如，体会其中奇特之处，顺应时势，坦然面对战局，轻松击败敌人。

　　书中详细记载了当时日本各主流剑派的特点，也系统阐述了"二天一流"派的站位、握刀姿势，乃至对敌具体的招式以及以寡敌众时的战术，可为研究日本剑道的读者提供翔实的一手研究资料；而书中关于面对强敌时如何主动出击、把握机会一击而溃的讲解，则更是最佳的职场和商场生存指南。正如武藏所说"真正的兵法适用于一切领域"，《五轮书》被日本人看作商场与人际关系的必胜之书。松下集团创始人松下幸之助的案头就常备一本《五轮书》，哈佛商学院也将本书列为学生的必读书目。

　　《五轮书》与《孙子兵法》《战争论》并称为世界三大兵书，与《孙子兵法》强调"不战而屈人之兵"不同，《五轮书》更注重的是正面杀敌，不留后患。既在战术上强调"一击必杀""一招

译者序

制敌",也在心理上强调"细节决定成败""节奏为致胜关键",更有哲学上的"无念无相""无刀胜有刀"。翻译此书,不仅对兵法、武术爱好者具有指导意义,更希望对企业管理和个人成功有启发作用,以兵法思维来把握管理之道和事物发展的规律。至于其中更多精髓,则有待各位读者仔细研读,用心体会。

林娟芳

2019年1月于福建

目录 CONTENTS

地之卷 001

第一节　地之卷序 004

第二节　何谓兵法之道 007

第三节　以工匠之道喻兵法之道 010

第四节　兵法之道 012

第五节　地、水、火、风、空五卷概略 013

第六节　一流二刀派命名的缘由 016

第七节　须知"兵法"二字的好处 019

第八节　须知兵法中武器的作用 021

第九节　关于兵法的节奏 022

水之卷 026

- 第一节　学习兵法的心态 027
- 第二节　学习兵法的体态 028
- 第三节　学习兵法的视线 029
- 第四节　太刀的握法 031
- 第五节　站立的姿势 033
- 第六节　五种姿势 035
- 第七节　太刀之道 036
- 第八节　五种基本姿势之一 037
- 第九节　五种基本姿势之二 038
- 第十节　五种基本姿势之三 040
- 第十一节　五种基本姿势之四 041
- 第十二节　五种基本姿势之五 042
- 第十三节　似有似无的套路 043
- 第十四节　一击制敌 045
- 第十五节　乘胜追击（两重奏） 046
- 第十六节　无念无相击 046
- 第十七节　流水击 047
- 第十八节　机缘击 048
- 第十九节　雷火击 048
- 第二十节　红叶击 049

第二十一节 化身为刀	049
第二十二节 "攻击"与"触击"的区别	050
第二十三节 秋猴身法	051
第二十四节 漆胶身法	052
第二十五节 比高法	052
第二十六节 黏刀术	053
第二十七节 冲撞术	053
第二十八节 挡剑三招	054
第二十九节 刺面术	055
第三十节 刺心术	056
第三十一节 "喝咄"术	058
第三十二节 格挡闪击之术	058
第三十三节 以一敌多法	059
第三十四节 战之胜	060
第三十五节 一击必杀	061
第三十六节 直通之心	061
水之卷后记	062

火之卷 064

序言 064
第一节 占据有利地形 065

第二节	三种先机	068
第三节	压枕法	069
第四节	津渡	071
第五节	洞若观火	072
第六节	踏剑法	072
第七节	一击而溃	074
第八节	易地而处	074
第九节	另辟蹊径	075
第十节	打草惊蛇	075
第十一节	压制战法	076
第十二节	转移传染法	076
第十三节	扰乱敌心	077
第十四节	震慑术	078
第十五节	混战法	078
第十六节	攻击突出部	079
第十七节	彷徨法	080
第十八节	狮子三吼	080
第十九节	迂回攻击	081
第二十节	粉碎攻击	082
第二十一节	山海变幻	082
第二十二节	釜底抽薪	083

目录

第二十三节　推陈出新 084

第二十四节　鼠头马首 084

第二十五节　统敌如兵 085

第二十六节　心中无刀 086

第二十七节　磐石之身 086

火之卷后记 087

风之卷 089

序言 089

第一节　偏爱长太刀的流派 090

第二节　偏爱刚猛风格的流派 091

第三节　偏爱短刀的流派 092

第四节　标榜五花八门招式的其他流派 093

第五节　拘泥于太刀招式的流派 094

第六节　其他流派的视线 095

第七节　其他流派的步法 096

第八节　其他流派崇尚速度 097

第九节　其他流派所谓的秘诀与入门心法 099

风之卷后记 100

空之卷 102

附录 104
   兵法三十五条 104
   独行道 118

译后记 120

地之卷

宽永[1]二十年10月上旬，我登上九州肥后的岩户山[2]，礼拜天地和观音，端坐佛前。我想把几十年修炼领悟的兵法[3]之道写成书，其道之名为"二天一流"[4]。

我是一名生于播磨[5]的武士，名新免武藏守，又名藤原玄信，时年六十[6]。我自幼研习兵法之道，十三岁那年第一次与人

---

[1] 宽永二十年为1643年。

[2] 肥后是日本旧制地名，相当于现在的熊本县地区。岩户山也称为岩殿山。此处为有名的"岩户观音"的观音道场，是佛教圣地。现名云岩禅寺，位于九州地区熊本县松尾町。

[3] 本书中作者所说的兵法，并非现代意义的军事战略或者战术。作者所处年代的兵法是战斗技巧之意。

[4] 本卷命名为"二天一流"，火、风、空各卷中名为"二刀一流"派。

[5] 播磨亦称播州。日本地方行政区之一。今日本兵库县西部，属于山阳侧。

[6] 如果此处记载武藏岁数正确的话，作者出生年份即为天正十二年，即1584年。

决斗。当时我打败了新当流[1]的有马喜兵卫。十六岁时，打败了但马国[2]一位名叫秋山的高手。二十一岁时，我来到京都，与当时名闻天下的各大武林高手数次对决，战无不胜。之后，我周游各地，与诸流派的高手比试六十余次，从未失手。这些是我十三岁至二十八九岁的事了[3]。而立之年，回首往事，我发现之前的战无不胜不是因为我悟透了兵法，或许只是因为天赋异禀或顺应了天理；抑或是因为其他流派的武艺尚有不足。

为了更进一步领悟兵法之道，我闭关钻研，终于在五十岁时悟到精髓。自那以后，我的生活进入一个从心所欲不逾矩的状态。我把在兵法上所领悟的真髓融会贯通于各个领域，无师自通地学会了多门技艺。现在，执笔《五轮书》，我无需借用任何佛教、儒教、道教的语言，也不引用军纪、军法的故事，我希望以天道和观世音为镜，将二天一流的真髓和它真正的意义写下来。

是时10月10日[4]夜寅时[5]。

---

[1] 日本战国时期有名的剑术流派之一。近世初期，由常陆国（今茨城县）塚原卜传创立。另一说是上野国（群马县）上泉伊势守秀纲创立。也名为鹿岛新当流。

[2] 但马是日本旧制地名。相当于现在兵库县北部地区。

[3] 一说武藏在庆长十七年（1612年）与著名剑客佐佐木小次郎决斗。

[4] 作者选择10月10日执笔《五轮书》并非偶然，是有宗教意义的。在农历的年节中，月数和日数相同的日子，如3月3日、5月5日、7月7日、9月9日等，是重要的节日。古代人认为寅时是神圣的时刻，很多仪式选在这个时刻开始。作者选择在这样特别日子的特别时刻执笔是希望自己的著作能够顺利完成。

[5] 凌晨四点三十分。

◎ 附记

（一）《五轮书》第一卷——地之卷。宫本武藏在本卷开始部分回顾了自己的人生经历，记录其兵法实践。本书没有独立的自序，本段文字相当于作者自序。

（二）其道之名为"二天一流"。"二天一流"的"二天"指的是太阳和月亮两个天体，象征阴阳二元。"一"是指阴阳两项对立合一。由于武藏的流派是左右两手各握一把剑，因此其流派也命名为"二刀一流"派。本书中也反复出现"二刀一流"的说法。武藏在本书中将"二天一流""二刀一流"并用。

（三）在本卷之首，作者希望以天道和观世音为镜，并非是皈依神佛，而是希望在天地和观世音面前，能够进入无我状态，把自己对兵法真实的感悟记录下来。

（四）"无师自通地学会了多门技艺"是《五轮书》的名句之一，也是最容易被误读的句子之一。无师自通并非由于宫本武藏的自信，也并非桀骜不驯。作者想表达的是，神佛虽然尊贵，但是人不能依赖神佛。作者认为，人如果有老师，就会依赖老师，把老师的权威作为自己的权威。内心不够坚定的人往往这样落入窠臼。而且，当了老师就会希望有自己的弟子。武藏一生孤独，一生都在和其他一切斗争，和自己斗争。宫本武藏是具有钢铁一般意志力的人，在晚年也只收养了徒弟伊织作为养子，希望他能够继承剑法。但是后来意识到这种做法是错误的，这只是自我膨胀罢了。武藏终其一生所追求的是兵法的终极之道，他在不断的实践中领悟到诸般武艺的真理，自己就是自己的老师。

第一节 地之卷序

所谓兵法就是武士的法则。将领尤其应该学习兵法，士卒也同样有必要熟知兵法之道。但如今，没有武士认真体悟兵法之道。

首先，事物各有其道。在佛法中为救人之道；儒教中为文章之道；医者为退治百病之道；诗人为吟咏和歌之道。无论是茶人还是弓道[1]者抑或其他各种艺能者，他们遵循内心，修行其道，乐在其中。但是，修行兵法之道且能享受其过程的人却少之又少。

武士应该文武双全，能够体会到文章之道和习武之道的乐趣。就算天性愚钝、才疏学浅，作为武士也应当尽自己所能、努力修行。世人普遍认为，武士应当在日常生活中不断

---

[1] 弓道是日本武道之一，起源于中国。古代《礼记》传入日本后，日本的射箭不仅有了一定发展，并在此基础上形成今天的弓道。

思考如何死得其所，这是武士应有之信念。实际上，向死而生不只是武士应有之精神，也同样适用于僧侣、普通百姓。知义理、懂廉耻、参悟生死，这是所有人应该努力修行、追求的境界。

武士磨炼兵法之道的根本在于时时刻刻怀有战胜他人之心。无论是单打独斗还是面对群敌，皆应谨记这是报效主公，也是个人扬名立万的好时机。兵法之道之意义，尽在于此。

世上有些人认为，就算修习兵法之道，在实战中也未必能够派上用场。其实，真正的兵法之道在于，学习者通过反复训练，可以在任何时候都能熟练运用于实战，而授业者应该只教习实用的内容。

◎ 附记

（一）向死而生不仅仅是武士应有之精神，也同样适用于僧侣、普通百姓。那么，武士和其他人的区别何在？武士在任何场合时时刻刻都要怀有战胜他人之心。在兵法中，武士是不允许失败的。因为失败就意味着死亡。武士的决斗是生死一念间。所以，在任何场合，都必须获胜。武士取胜有各种场合，既有单打独斗，也有面对群敌的厮杀。作者提到

兵法的意义不仅是报效主公,也是个人扬名立万的好时机。这是宫本武藏针对世间普通的武士而言。因为武藏为了把自己所领悟的兵法传给后世,所以需要获得世间一般武士的共鸣。他本人就是通过一次次的决斗扬名天下的,并为此拼尽一生。

(二)兵法必须在实战中发挥作用。宫本武藏是彻底的合理主义者。他提出"真正的兵法之道在于,学习者通过反复训练,可以在任何时候都能熟练运用于实战"。兵法必须以实战为第一要义。在实战中无法发挥作用的兵法本身是毫无意义的。因此,最重要的是必须进行随时都能派上用场的训练,并且训练时要模拟实战。所谓"任何时候都能熟练运用于实战",指的是无论何时何地,即便是在没有佩刀的情况下,或者是睡觉、吃饭的时候,都能够瞬间进入战斗状态。但是这种训练绝非易事。一般情况下,没有佩刀自然会有很大劣势,甚至被对手轻易击杀。正因为如此,进行赤手空拳状态下的决斗训练十分必要。

另外,教授兵法的人也必须只教习实用的内容。授业者没有理由教学生不实用的内容。但是,想要达成这个目的,授业者也必须认真练习。随意的教法在实战中无法发挥作用。因此,无论是学习者还是授业者,都必须认真训练能够在实战中发挥作用的兵法。

地之卷

◻ 第二节　何谓兵法之道

无论在中国还是日本，熟练掌握兵法的人都被尊崇为兵法家。身为武士，必须学习兵法。最近，有些人自诩精通兵法横行天下，但充其量他们只是略通剑术罢了。常陆地区[1]鹿岛、香取神社的神官们，自称得道于神明，设立各种流派，游历诸国传授兵法。自古以来，在十能七艺[2]中，兵法一直都被认为是具有实际用途的显学。的确，剑术是一门武艺，但是有实际意义的并非只有剑术。如果习武者只关注剑术的实用性，那么甚至可以说没有看清剑术的真正意义；更不可能通晓兵法。

纵观世间，有的人以各种花哨技巧为噱头，把自己当作卖点，待价而沽；甚至有人把花样使用在各种武器上，当作其流派的亮点去宣传。如果把这种行为和剑术分别比作花和

---

[1]　常陆是古代日本的地名，现茨城县地区。鹿岛、香取两地均属于常陆地区。

[2]　十能七艺指的是各种各样的技能。本文中"七艺"的说法是从中国传来的。中国周朝的贵族教育体系中，周王官学要求学生掌握礼、乐、射、御、书、数六种基本技能。兵法中的六种武艺指的是剑、枪、弓、马、柔（指柔道）、炮。但是《五轮书》中作者所说的七艺，是作者追加了兵法这一项。兵法本来属于类型概念，但是作者把它和具体的武艺并列，意图在于强调兵法的重要性。

果实的话，那它们就是华而不实，内容空洞的。学习兵法之道是一个循序渐进的过程，学习者最先关注看得见的招数套路；其后学习剑术，磨炼技巧；或者在各种道场上教学相长，最后才能体悟其真髓。这和俗话所说的"学习兵法是建立在血和泪的基础上"是一致的。

大体来说，人在世间有四种谋生之道，即士、农、工、商。

第一，为农之道。农民们配备各种农具，时时刻刻关注四季变化、天象四时，平凡度日。

第二，为商之道。譬如经营酒铺的人，大家各显神通，无论商品优劣都想要牟利以谋生。无论何种买卖，唯利是图是为商之道共通之处。

第三，武士之道。身为一名武士，应当对各种武器的使用方法烂熟于心，并熟练掌握其特性。身为一名武士，如果不热爱武器，对武器的特性生疏，那岂不是毫无乐趣？

第四，工匠之道。以木工为例，木工要善于购置各式各样的工具并熟练掌握其用法，能够根据图纸正确施工，对待工作兢兢业业。

以上是士、农、工、商的四种谋生之道。

如果把兵法之道比作工匠之道，则可以用建造房屋来类比。那些常被提到的皇室的宫殿楼阁、王公贵族的宅邸、武士的住所等，有的历经岁月保留了下来，有的已经消失在历史的尘埃里。人们提到这些建筑时，总会评价它们是哪个流派、何种风格，或者索性称其为某某木工家。因为提到这些房屋的流派，就相当于提到某个工匠之道。日语中木工写为"大工"二字，意为"下大工夫"；兵法之道写为"大匠"，这种说法和木工是相通的。如果要学习决斗的制胜法则，一定要好好领会本书的内容，把老师看作针，弟子看作线。最重要的是长期不懈地坚持训练。

◎ 附记

本节主要由三部分内容组成。第一，批评剑术中心主义；第二，讲述士、农、工、商四种谋生之道；第三，把兵法之道比做工匠之道。

第一，作者批判了剑术中心主义。他指出，身为武士，都必须学习兵法。这种兵法指的是综合的武艺，并非局限于剑术。但是，当时广义的兵法意义已经衰败，世人提到兵法都认为是剑术，导致兵法的意义非常狭隘。在文中，作者点名批评鹿岛、香取神社的神官们。这两个神社是拥有古老传统的武剑神社。作者认为，习武者若只关注剑术的实用性，那就无法看清剑术的真正意义；更不可能通晓兵法。其次，作者批判了艺能商品化。他认为，把兵法当作商品是华而不实的，会堕落成只有花哨的套路，在实战中无法发挥作用。这和后世的道德主义、精神主义的武道神圣观念的批评是截然不同的。归根结底，宫本武藏是个实战主义者。

第二，讲述士、农、工、商四种谋生之道。当时，士、农、工、商这四种垂直的身份观念已经基本固定。但值得注意的是：作者在具体阐述的时候，最先列举的不是武士，而是按照农、商、士、工的顺序。在作者看来，士、农、工、商这四种职业并不代表身份地位的高低，只不过是四种不同的谋生手段罢了。武士也仅是谋生手段的一种。因为在作者所处的年代，这是完全有可能的。在下克上的时代，通过一代人的努力成为诸侯的比比皆是。

第三，把兵法之道比做工匠之道。在士、农、工、商的"工"里，作者选取木工作比喻，是非同寻常的比喻方法。首先，木工是建设性的工作，但武士的工作是破坏性的。作者把正反两个事物放在了一起。其次，按照社会一般常识，武士是支配阶级，是其他阶级的模范。但是，此处作者用身份地位低的人来说明身份地位高的人，这种说明方法是颠覆性的。由此可见宫本武藏高超的讽刺技巧。

▫ 第三节　以工匠之道喻兵法之道

战场上的大将，要对天下事、国事、家事了如指掌，这才是统帅应有的格局。就如木工的领班，应当熟练掌握唐塔、伽蓝[1]的规格尺寸，能轻松解读宫殿楼阁的图纸，合理调度人员施工。在这一点上，木匠的领班和战场上的统帅是相通的。

建造房屋时，木工的工作很重要。树干笔直光滑、外观优美的木材可以用作顶梁柱；纹路略有瑕疵但枝干挺拔的硬木可选作房屋内部的圆柱子；材质稍软但纹路清晰光滑的可以制作门槛、门楣、门窗等；节眼多且树干弯曲但硬度好的木材，应当综合考虑房屋的整体特点，合理安排使用。像这样各得其所物尽其用，建造出来的房屋才可能屹立不倒。除此之外，节疤多、枝干弯、硬度不足的木头可以用作脚手架，再不济也可以当柴烧。

木匠的领班在给木匠们安排工作时，应该对大家的技艺了如指掌，根据各自的技术水平安排他们或打磨地板，或制作门槛，或修建门楣，或打磨天花板，这样才能做到人尽其才。手艺平平的人可以安排他们去铺地板下的横木，再不济的工人也可以考虑安排他们刨木板打杂。领班根据每个人的才能合理安排工作，这样才能提高工作效率，顺利推进整体工程。

工作效率高且进展迅速，凡事皆不懈怠，把握事物关键，掌握每位成员的工作水平，顺势而为，不勉为其难，这些都是作为统领应该追求的境界。兵法的道理也是如此。

---

[1] 唐塔、伽蓝，本意指各种佛堂寺庙。此处泛指各种建筑。

第四节 兵法之道

兵法之道中，如果把士卒比作木工，那么他就应当像木工一样亲自打磨工具，下苦功夫备齐各类工具，把工具放在工具箱中时刻准备听候领班的指示以投入工作。作为木工，不但要学会使用手斧雕刻梁柱、用刨刀打磨地板，也要掌握雕刻精美物品的技能；懂规矩守方圆，追求细节完美，手艺精益求精。木工通过亲身实践获得各项技能，这样方有成为大师的可能。

作为木匠，应当备妥各种工具以备不时之需，一有时间就要不断磨炼技艺刻苦钻研，这是非常重要的。工匠不但要学会制作佛龛、书架、桌子，甚至座灯、砧板、锅盖等，也应该做到信手拈来。这才是真正专业的木工，是身为木工最重要的素质。同理，士卒也当如此，请务必好好体会上述所言。

此外，身为木匠，钉是钉、铆是铆，工作丝毫含糊不得。具体来说，应当做到木头间的接缝毫无破绽，打磨柱子干净利落，这些都是非常重要的。如果有意学习兵法之道，务必记住以上所记载的每一条，一定要用心体会、烂熟于心。

地之卷

◘ 第五节　地、水、火、风、空五卷概略

我在本书中将把兵法之道分为地、水、火、风、空五卷进行讲解，每卷具体说明其作用。

第一卷为地之卷，主要内容为兵法之道的梗概和本流派的基本观点。如果只学习剑术，那就会一叶障目，无法明白究竟何谓真正的剑道。需谨记纲举目张、由浅入深的道理。第一卷就像在地上指明前进方向，故命名为"地之卷"。

第二卷为水之卷，此卷以水为范本，希望每个学习者都能心如静水。水包容万象，能随着容器的形状或圆或方。小可凝聚滴水之微，大可汇聚苍茫大海。其清澈澄净，正可形容本门"一流派"的兵法之道。

如果能够切实掌握剑术之道，以此随时随地打败任意一个敌人，那么就天下无敌。在战胜对手这个意义上，击败一个敌人和千军万马是一样的。

武将的兵法之道就是见微知著，以小见大，这和工匠凭区区一把卷尺而能平地起高楼的道理如出一辙。这种道理很难用文字详细说明，见端知末即兵法的妙处所在。在水之卷中，我将记载本流派所提倡的这些理念。

第三卷为火之卷，是为记录战争。火势可大可小，变化

无常。火势汹涌,故以此比喻战争。无论个人和个人的决斗,还是指挥千军万马,应该胸怀大志、把握全局,细心研究本卷中所有内容。

但是,把握事物的大方向相对容易,细枝末节之处则难以捉摸。千军万马之战很难在短时间内改变战术,而个人的行为有时候变化于一念之间,这种微妙的变化是极其难以捕捉的。我们要对其深入研究。

火之卷中记录的是战争、胜负之事,成败都在瞬间,因此需要日夜苦练技巧,对成败保持一颗平常心,宠辱不惊。这是兵法的关键。

第四卷为风之卷,这一卷中所记载的不是单一流派的内容,而是各流派兵法的汇总。称其为风卷,因为有古代风格,有现代风格,还有各自的流派风格。本卷详细记载了各个流派,故名"风之卷"。

如果不了解其他流派的内容,就无法正确了解本流派的奥义。凡事都有旁门左道。如果每日浸淫于自以为的正道,但本心却偏离了真正的道,终究还是南辕北辙。如果不能掌握真正的方向,就算起初只是偏离一点点,但是终究失之毫厘谬以千里。凡事过犹不及。因此,学习兵法之前要认真钻研各个流派之说。

世人普遍认为,其他流派所倡导的兵法就是某种剑术,但是,本流派所钻研的兵法原理和招数自成一体,独一无二。为了帮助世人了解其他流派的兵法,风之卷记载了其他流派的特点。

第五卷为空之卷。本卷命名为"空"，是因为无法区分什么是内里，什么是入口。只要领悟了兵法的奥义，就可以摆脱其理论的束缚自由发挥，自然就会体会到其奇特之处。顺应天时把握时机，就能够坦然面对战局轻松击败敌人。这就是空之道。空之卷主要记载的就是如何自然地领悟真实的兵法之道。

◎ 附记

本节提到本书由地、水、火、风、空五卷组成，并简单介绍各卷概要。其中，空之卷尤为重要。在宫本武藏看来，空是没有入口没有内里的空间，没有开始也没有结束。空是自由的，没有执念的。因为人若是把心思都集中在某一处，就失去了心灵的自由。心灵达到自由自在的境地，人才能发挥无限的力量。

▍第六节　一流二刀派命名的缘由

身为武士，无论是担任大将还是普通士卒，腰间自然配挂一长一短两把刀，在日语中以前称为"太刀"和"刀"[1]，后来称为"刀"与"肋差"[2]。作为一名合格的武士佩戴两把刀自不必赘述。在日本，这被认为是武士应当遵守的规则。为了让大家知道这两把刀的优点，故把本流派命名为"一流二刀"派[3]。

众所周知，长枪、长刀是武器，弓箭、马、棍棒等也是战斗的兵器，刀是必须随身携带的。二刀一流中，初学者也应该两手同时持长刀、短刀进行训练。这是为了在命悬一线时，能够充分发挥武器的作用。我们绝不希望看到武士战死时，他的武器依然原封不动地挂在腰间没有发挥任何作用。但是，两只手同时握有武器并能够游刃有余地应用自如并非易事。因此，这种训练方法最终目的是武士能够驾轻就熟地使用太刀。

一般人看来，两手握住长枪、长刀等大型武器是理所当然的，刀或者短刀则是可以单手拿的武器。但是，有些场合两手拿武器是非常不方便的，比如骑在马上交战，东奔西跑，穿越沼泽湿地、石子路、险峻道路等。有时候，左手拿

---

[1] 太刀也称为大刀，长约1~1.5米。短小的称为"刀"。太刀和刀的区别除了长度以外，更主要的在于佩戴的方法。太刀是刀刃朝下悬挂于腰间的长刀，刀则是刀刃向上插于腰带上的。

[2] 近世悬挂于胸部两侧的大型的刀称为刀。肋差指的是小型的刀。

[3] 此处的"一流二刀"，也就是"二刀一流"的另一种提法。作者原文如此，故不做统一修改。

地之卷

着弓箭、长枪或者其他武器,就必须单手操纵太刀,这时候若两手合用太刀,绝非明智之举。但是偶尔单手无法应对时,两手可以适当配合。单手持短刀无需额外花费精力学习。在二刀一流派中,非常重视单手使用太刀的训练,这是

新免信玄提二刀像

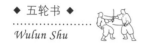

为了能够单手轻车熟路地使用太刀。

无论是谁,刚开始时,单手持太刀都会感觉到太沉,无法自由施展手脚。其实凡事都是如此,万事开头难。最初使用弓箭时,觉得很难拉开大弓,刚开始使用长刀同样觉得无法自由挥舞。所有的武器,只要多加训练就能熟能生巧。拉弓久了手臂必然更加强壮有力,习惯了挥舞太刀,必然能游刃有余。

太刀之道不在于挥舞的速度。关于这一点我将在第二卷——水之卷中详细叙述。太刀在开阔的地方使用,而短刀用于狭窄的空间,这是剑道的根本之一。

在本流派中,关键不在于使用的武器是长刀还是短刀,取胜才是唯一目的。因此,对长刀的长度不做具体要求。无论刀是长是短,获胜才是我们流派所追求的。比起单独使用长刀,手持双刀的好处在于面对群敌或者被围困之时可以发挥作用。

关于这些内容此处暂时不展开说明。但是唯独一点务必记住,凡事见微知著、由此及彼。如果能够真正领悟兵法之道,凡事都能无所不知、无所不晓。请一定要好好钻研。

◎ 附记

本节宫本武藏从实战、实用的角度出发,强烈批评其他流派两手合用一把太刀的做法。宫本武藏的兵法最终目的是战胜敌人，是完全的合理主义。武藏流派中，就算是初学者，也应该左右手分别握刀训练。这种做法的目的是希望练就单手也能熟练使用太刀的本领。为了能够做到单手熟练使用太刀，首先要使用两把刀进行挥舞训练。任何人刚开始训练时都会感到太沉而无法自由施展，但是多加训练，必能熟能生巧。

第七节　须知"兵法"二字的好处

在兵法之道中，世人称能够熟练使用太刀的武士为"兵法家"。在各项武艺中，擅长使用弯弓的人被称为射手；长于铁炮的被称为铁炮家；熟练挥舞长枪的被称为长枪手；精于长刀使用的被称为长刀家。那么，为何熟练使用太刀的人不称其为"长刀家"呢？弓箭、铁炮、长枪或者长刀都是武士的兵器，都应该是兵法之道，但是唯独太刀之道才能成为兵法之道。因为太刀的威德可以齐家治国[1]，是为兵法的根本。真正掌握太刀的奥妙，就能做到以一敌十。如果一人能够打败十人，那么百人就能战胜千人，千人就能战胜万人。在本流派中，一个人和一万个人是一致的，因此把武士应该

---

[1]　日本的灵剑思想，即刀剑中宿有灵威。

宫本武藏的太刀

领会的法则称为兵法。

再者,儒者之道、佛教之道、文章之道、礼法之道、艺能之道都不是兵法之道所学的内容。但是,只要精通自己所学之道,就能做到触类旁通。无论学习哪种道,世人都应当谨记善始善终、精益求精。

第八节　须知兵法中武器的作用

思考武器作用的时候，很重要的一点是因地制宜、因势利导。短刀适用于狭窄的空间或者贴身肉搏。太刀的优势在于可以应用于大部分场合。在战场上，长刀似乎不如长枪。长枪可以先发制人，长刀总是陷于被动。如果水平相当，使用长枪似乎更胜一筹。长枪和长刀受限于使用的空间，在狭窄的空间非常不利，在围堵敌人时也毫无优势可言。它们只能在战场上发挥作用，是大会战时重要的武器。

但是，如果平时训练时总是局限在狭小的室内空间，注意力总是被琐碎细节所吸引，就会忘记武器真正的使用方法，在实战中无法发挥其应有的作用。弓箭可以运用于大会战中大军的进攻和撤退；可以和长枪队或者其他武器配合，在短时间内合作，掩护大军进退，特别适合在原野上作战。但是，在攻城等场合，如果和敌人的距离超过36米，那就无济于事了。

但是如今，弓箭之道暂且不论了，百般武艺都开始追求华丽的套路，徒有其表、华而不实。这些所谓的武艺在实战中是毫无用武之地的。

对攻城战来说，铁炮毫无疑问是最佳武器。战争的开始阶段，铁炮也有很多优势。但是，一旦大会战开始铁炮就不适用了。弓箭的一个好处在于射出的箭，肉眼可以看到，铁炮的缺点在于无法看到炮弹。这些都需要充分领会。

军马最重要的是要健壮、温顺。总体来说，作为战斗的装备，马匹必须能日行千里而不知疲倦；长刀、短刀、长枪，大且锋利者为佳；弓箭、铁炮首选坚固不易损坏的。

对待武器应当一视同仁、不分厚薄。如果持有的武器超过需要的数量，反而过犹不及。不要模仿他人，凡事根据自己的实际情况定夺，武器必须使用适合自己的。无论是大将还是士卒，偏爱或者嫌弃特定的武器都不是好事。这些内容也务必好好体会。

第九节　关于兵法的节奏

凡事都有节奏，特别是兵法，如果没有进行节奏的训练，就无法真正习得兵法之道。

世间有节拍的：如能[1]的舞蹈、伶人的音乐等。这些只有把节拍调整一致，方能说是正确的节拍。

---

[1]　能是最具有代表性的日本传统艺术形式之一，也称为能乐。从平安时代（782—1185年）中叶直到江户时代（1603—1868年），这种艺能一直被称为"猿乐"或者"猿乐之能"。以日本南北朝为界，前期猿乐和后期猿乐面貌迥异，故现今日本学术界把前者称为"古猿乐"，后者称为"能乐"。

在武艺中，弓箭、铁炮、骑马都是有节奏的。在各种武艺或者技能中，都不可乱了节奏。

另外，肉眼看不到的东西也是有节奏的。对武士自身来说也是如此。比如建功立业之时、颓唐消沉之时、意气相投之时、人心向背之时都各有其节奏。从商之道也是有节奏的，比如生意兴隆、富甲一方之时和经营惨淡、财富尽失之时，两者节奏截然不同。应该仔细辨别事物繁荣和衰退的节奏。

兵法的节奏也各种各样。首先，要熟悉敌我势均力敌的节奏，也要了解敌强我弱或者敌弱我强的节奏。要掌握大型战争的节奏，也要知晓小型决斗的节拍。要能区分进展顺利的节奏或者停止进攻的节奏或者撤退的节奏，这是兵法中最重要的事情之一。总之，如果违逆节奏却不自知的话，就无法成就真正的兵法。

在战斗中要知道敌人的节奏，出其不意地制胜，这在兵法中就是运用智慧的节奏，以此取胜。

归根到底，兵法之道就是节奏的问题。请务必好好体会并勤加操练。

以上所讲述的二天一流之道，希望你们只争朝夕地勤加实践，这样自然就能心境宽广。这些不仅可以作为个人的兵法，也可以作为集团作战的策略。这是我人生中第一次把"二天一流"之道写成地、水、火、风、空五卷。

想要学习兵法之道的人，必须遵守以下几个法则。

第一，心思澄明。

第二，勤加实践兵法之道。

第三，不要仅仅局限于一种技能，要接触学习各种武艺，开阔视野。

第四，了解各种职业之道。

第五，了解事物的利害得失关系。

第六，培养对所有事物的分辨能力。

第七，能够用心领悟事物的道理。

第八，注意观察细节。

第九，不做无用之功。

以上这些大概就是修炼兵法之道时应当注意的地方。

在学习兵法之道时，如果眼界不够宽广，是不可能成为兵法方家的。如果能够刻苦训练并做到心胸开阔，就算只身一人也有可能打败二十甚至三十个敌人。这个过程中，最重要的是要有参悟兵法的精神，只要埋头苦学，心无旁骛、日夜修炼，先学习徒手打败敌人，然后锻炼自身。首先通过练习达到能够自由支配自己身体的境界，这样在身体上就占有优势。其次修炼自己的内心，这样在精神上也有优势。如果精神和技能的所有各个方面都能够到达卓越的境地，将无往而不胜。

此外，身为统领，如果能够拥有优秀的部下并且善于调配，做到人尽其才；如果能够严于律己，勤于国政，体恤民众，那么这个社会就能长治久安。

无论是哪种道，如果能够胜过别人，能够成就自身，能够扬名天下，那么这些道也都是兵法之道。

正保二年（1645年）5月12日　　新免武藏

寺尾孙丞殿

宽文七年（1667年）2月5日　　寺尾梦世胜延

山本源介殿[1]

---

[1] 译者所据译本的每章之后，均有此落款。日本学界对此众说纷纭，大多学者认为是宫本武藏把书稿传给某个人时写的，颇类似现在赠书时的签名。因此这种落款不止一个版本。为尊重原貌，本书予以保留。

水之卷

二天一流中最重要的思想是以水为模范，兵法之道如水。本卷为水之卷，记录二天一流的太刀之道。但是，其中精髓只可意会不可言传，望各位细细感悟。

卷中文字，望好好体会。稍有懈怠，谬之千里。

关于兵法中取胜之道，就算记录的是一对一的胜负，也应当把它看作万人决战的方法来体会，因为从全局来看问题十分关键。

在兵法中，如果对道的理解稍有偏颇、有所迷茫，必定会偏离正道。如果只是泛泛阅读本书，那更无法体会到兵法的精髓。应当把此书当作是为自己写的书，不要仅仅停留在阅读上，或者只是读熟之，然后去模仿它，而应把它当作是自己悟出来的有益的内容，努力体会。

水之卷

◘ 第一节 学习兵法的心态

学习兵法之道，应该保持平常心。无论是宁静的闲居时期还是战争时期，都应该保持同样的心态，不要有任何变化。应该敞开心扉，心思澄明，不可过度紧张，也不可松懈。思想不可偏激，让心境处于自在流动的状态，这种状态一刻都不能停止。

身静，心不可静；身动，却心静。心境不受动作的影响，动作也不受困于心。必须时刻注意自己的心境，注意心态不要受动作的影响。要充实强大内心，不要让无谓的事影响心境。就算外表羸弱，但是内心必须强大，同时不可让人窥见自己的本心。

体格弱小的人要充分深刻了解身体健硕的人的心理状态，反之亦然。无论身体羸弱还是身强体壮，都应该坦诚面对、接受自己，不要妄自菲薄或者狂妄自大，这非常重要。不要让无谓的事物蒙蔽了心灵，要以宽广之心去学习兵法，在更广阔的天地中，一心一意地成就更有智慧的自己。

不断提升自我，成就更睿智的自己，明辨是非善恶，尽其所能去体验学习所有技艺之道，不被世间任何人或事所蒙骗，这样才能算是真正明白了兵法的智慧。

总之，学习兵法需要特别的历练。想在烽烟四起、人心惶惶之际，贯彻应用兵法的理论，保持稳定的心态，这需要下工夫好好训练。

第二节 学习兵法的体态

兵法之道所谓之体态应是：脸部保持平衡，既不朝下也不向上，不偏向一侧也不扭曲；视线保持不变，额头不要收紧，两眉之间略保持紧张，尽量保持眼珠不动，不要眨眼，两眼稍合。

面部表情平静安详，放松鼻子，下巴稍稍向前，后背挺拔，脖子保持紧张的姿势。放松两肩，挺直背部，收紧臀部、腹部，膝盖到脚尖用力，不要弯腰弓背。就像上楔子一样，让长刀的剑鞘能自然挂在腹部，扎紧腰带。

总之，兵法之道中很重要的一点是：让日常的体态成为练习兵法的姿势，让练习兵法的姿势成日常的体态，两者合二为一、不分彼此。请仔细体会。

◎ 附记

禅曰："平常心即道。"学习任何武艺最重要的是保持一颗平常心。柳生宗矩[1]认为，能够怀着平常心去做任何事情就是"名人"。无论做什么事情，或者心里想要做什么事情，都不要表露出来，心里也不要想着尽力把事情做好，这才是平常心。当修行还未成熟时，一心想着要好好发挥反而会做不好。柳生宗矩是从禅的立场来说平常心，而宫本武藏在本书中所说的平常心不仅仅是心，更是平常身。平常心在观念上的是抽象的，但平常身是具体的。他认为，最重要的是让日常的体态成为练习兵法的姿势，让练习兵法的姿势成为日常的体态。为了在战场上保持平常身，反复训练是非常必要的。

第三节　学习兵法的视线

对战的时候，视线应该留意更宽广之处。

首先，视线有"观之目"和"见之目"[2]两种。所谓"观之目"，就是用心去体会，去感受，去看，也可理解为用"心"聆听。"见之目"就是用凡眼去看。学习兵法之道的人应该强调突出"观之目"的作用，弱化"见之目"。

---

[1]　日本江户初期的剑客，历史上著名的兵法达人，著有《兵法家传书》。

[2]　"观"和"见"都是佛教用语。"观"是指内心平静地观察事物，领悟事物的本质。

兵法要求我们：能够洞察远处的风吹草动，而不是仅仅局限于眼前的动静。冷静对待眼前之情形，既能把握敌人所持太刀的走向，又不完全被其动作所迷惑。对此，必须下苦功练习。

这些心得体会不仅适用于个人与个人的决斗，也适用于集体战斗。保持目不转睛，同时能够眼观八方，这是非常重要的。

上述心得体会是不可能一蹴而就的。请记住我写下的这些东西，随时随地加以锻炼，不断地修炼。

◎ 附记

本节中宫本武藏把视线分为"观之目"和"见之目"。"见之目"是用凡眼去看，"观之目"是用心去体会，用佛教语言来表达就是"观智"。普通人一般是肉眼去观察事物。我们的眼睛总是有选择性地看到自己喜欢的事物，耳朵也是如此。换言之，眼睛和耳朵难以客观、真实地把握事物。因此，"观之目"就尤为重要。有人说："观是用心倾听。"用耳朵是聆听，用心倾听才是观。观是用意志和本心去看。观不是看对手的动作，而是看对手的动态；不是只观察一处，而是从整体把握。要掌握观的方法不是一朝一夕能成，而是需要长年累月的积累沉淀。

更重要的是，能够洞察远处的风吹草动，而不是仅仅局限于眼前的动静。从整体把握敌人的动态非常重要。如果仅仅观察眼前敌人的动作，心就会被束缚，就无法把握远处的动态。因此，一定要防止被眼前敌人的动作所迷惑。作者接下来指出，兵法中把握敌人所持太刀的走向很重要，但是不可完全被其动作所迷惑。这不仅仅适用于兵法，也适用于其他任何事情。如果只是用"见之目"去看事物，那只能看到眼前。要不断磨炼"观之目"，这样才能看到远处，看到整体，看到更美好的未来。

第四节　太刀的握法

正确的握法是拇指和食指稍稍放松，中指保持自然状态，无名指和小指握紧；手不应该放松，握刀时脑海中必须时刻准备着杀敌。

斩杀敌人的时候，不要改变手部的状态，不要发怵而用不上劲。如果出刀时碰到敌人的太刀，或者遭受敌人太刀的攻击而被压制，就略微调整拇指和食指的姿势。总之，要以斩杀对手的心态握住太刀。

无论是练习尝试斩杀敌人的动作还是真正厮杀的时候，都要以杀敌的心情握刀，这一点是不变的。

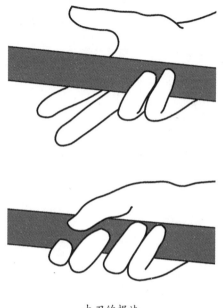

太刀的握法

无论是挥舞太刀的动作还是手的握法,一成不变并不可取。墨守成规、毫无改变是自寻死路的方法,只有灵活应用才能求生。这一点务必好好体会。

◎ 附记

本节宫本武藏讲述了手握太刀时最重要的是怀有时刻准备杀敌之心。因为武藏是彻底的合理主义者,在他看来,太刀的作用就是杀敌。无论是太刀的握法还是手部的姿势，都不能固定不变。手一旦墨守成规、毫无改变，就成了死亡之手。只有变化的手才是生存之手。泽庵[1]认为兵法修炼首先要摒弃执着之心。他在《不动智神妙录》中警告人们不可执念于一处，论述了如何去掉执着之心。泽庵对此做了如下论述："心之置所，言心置何处；心置敌身之动，则心为敌身之动所取；心置敌刀剑，则心为敌刀剑所取；心置我刀剑，则心为我刀剑所取；心置思不被砍杀之所，则心为思不被砍杀之所而取；心置对人戒备，则心为对人戒备所取。盖言之，心无置所。"在宫本武藏看来，不仅仅是心，太刀和手亦如此，如果固定于一处就是死亡之道。

第五节　站立的姿势

站立或者移动脚步时，脚尖稍稍放松，脚后跟必须稳稳贴住地面。脚步的移动根据不同的时刻有大小步或者快慢步之分，但是要保持平常的步幅节奏。两脚跳起或者踉踉跄跄或者原地不动，都是不好的姿势。

---

[1] 泽庵（1573—1645），江户时期临济宗的僧人，精通书画、俳谐、茶道。著有《不动智神妙录》。

武藏流派站立的姿势

脚的动作,最重要的是阴阳协调[1]。所谓的阴阳就是任何移动时都不要只移动单脚,无论是斩杀还是撤退或是迎敌,都应该两只脚交替移动。这一点务必谨记。

---

[1] 原文是阴阳足,此处意译。阴阳足指的是左右两脚交替行走。在《素问》中有"天地者万物之上下也……,左右者阴阳之道路也"。"左右"也称为阴阳。但是哪个是阴哪个是阳不做区分。作者意在强调脚动作要与平时保持一致。

水之卷

◻ 第六节　五种姿势

兵法中的五种姿势指的是上段、中段、下段、左肋、右肋五种。虽然姿势分为五种，但是一切目的都是杀敌。姿势不外乎这五种，但是无论采取何种姿势，都不要受限于套路，记住最重要的是杀敌。

姿势根据场合不同而不同，根据实际情况采取最合适、最有利的姿势。上段、中段、下段这三种姿势是最基本的，把刀放在两肋是扩展应用的套路。握刀于左肋或者右肋，是为了上段的姿势能够更好地斩杀敌人；或者为了肋部的刀能够发挥作用。刀置于左侧还是右侧，务必根据实战中的实际情况来判断。

请记住，兵法秘诀中最好的姿势是中段[1]姿势。中段姿势才是根本，这一点可以从大场面的用兵来思考。中段是大将的所处之所，也是大将的握刀方法，围绕大将四周的四种姿势都是为大将服务的。这一点请一定好好研究。

---

[1]　这种姿势是两刀刀刃呈八字形朝向对手的身体及脸部。

◻ 第七节 太刀之道

所谓深谙太刀之道,指的是平日自己佩戴的太刀,就算只用两根手指拿捏,也能深刻理解如何挥舞太刀,这样才有可能游刃有余地使用。

如果一心想要快速挥舞太刀,这和真正的太刀之道相去甚远,根本无法得心应手。为了能够更好使用太刀,需保持平心静气。太刀不像铁扇[1]、短刀,越是想要快速挥舞就越偏

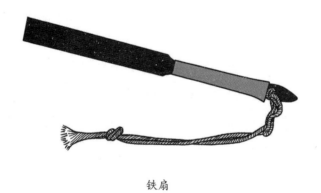

铁扇

---

[1] 铁扇也是武士所使用武器的一种,长八寸至一尺两寸。

离正道，无法在实战中发挥作用。这种方法不过就是雕虫小技，根本无法斩杀敌人。在练习中，如果把太刀朝下挥斩，立即要想到如何能够快速方便提起；如果向两侧挥舞，就要时刻想到如何保持能够迅速复位的姿势；在使用太刀时要时常想到如何尽可能地扩大胳膊活动的幅度和强度。这些才是所谓的太刀之道。

习得本流派兵法的五种基本形态，在反复记忆和实践中练习太刀的套路，就能做到熟能生巧、得心应手。请一定勤加练习。

第八节　五种基本姿势之一

太刀的五种基本姿势中，最重要、最有效的一种是中段体位。进攻之时，把太刀的剑锋指向敌人的脸部。回击时，应该把刀朝右侧挥去。敌人若进一步紧逼，应该使用刀锋再次进攻。如果手中的刀被压制并且敌人趁势再次发起进攻，此时应当从下方攻击敌人的手。这是第一种基本战术。

如果仅仅只是记录五种基本姿势，那么作为学习者一定很难理解。关于这些基本战术，最重要的是拿起太刀反复练习。通过练习这些太刀的战术，才有可能体会本流派兵法之道，才有可能理解敌人进攻的套路。因此，我们二刀一流派

中段体位示意图

只教习这五种套路。请你们一定多加练习体会，这才是一切的根本。

▢ 第九节　五种基本姿势之二

　　太刀的第二种姿势是上段姿势。先把太刀向上高高举起，当敌人进攻的时候，一鼓作气挥刀斩下。当敌人退缩的时候，应保持太刀姿势不动；若敌人发起二次进攻，从下方顺势向上回击。再一次交锋也是同样的套路。

在这种基本套路中,需要眼观六路耳听八方。通过练习基本的套路来学习二刀一流的兵法,详细了解太刀的五种基本姿势,无论何时何地都能立于不败之地。总之,请一定多加练习。

上段体位示意图

第十节　五种基本姿势之三

太刀的第三种姿势是把太刀置于下半身，做出要撤退的姿势，这时候敌人若是进攻，就可以把刀从下方上挑攻击敌人的手部。在我们进攻时，敌人势必回击；此时若是手中太刀似乎要被敌人斩落，那先保持这种状态不动以迷惑敌人，乘机进攻敌人的要害，最好是斩切敌人的上臂。这

下段体位示意图

就是以下段姿态一鼓作气斩杀敌人的套路。

以上所介绍的套路无论是在初学阶段还是进阶阶段，都十分适用。请一定勤加练习。

▫ 第十一节　五种基本姿势之四

太刀的第四种姿势是把刀横放于左肋，从下往上斩杀，进攻敌人的手。从下往上挥刀时，心里要有一种斩敌之手的

左肋体位示意图

意念，力争一鼓作气打败敌人。若是敌人反击，顺势把刀提到肩部以上。

这也是抵御敌人主动进攻时的取胜之道。请一定好好研究体会。

◻ 第十二节　五种基本姿势之五

太刀的第五种姿势是把刀横放于右肋，当敌人袭来之时，把刀从右下方提至上段的体位，从上往下直接斩杀。

这种方法也是为了能够进一步了解太刀之道。如果能够掌握这些基本的太刀套路，那么就算是很重的太刀也能运用自如。

关于这五种基本套路，实在无法用语言详细描述。重点在于了解本流派太刀的基本原则，熟悉打斗的大致节奏，了解对方意图，最重要的是在日常中不断磨炼五种太刀的套路技能。

和敌人决斗的时候，也要熟悉敌人太刀的套路，要能够识破对方的心思，尽可能做到各种节奏都能克敌制胜。这需要好好去体会。

右肋体位示意图

◻ 第十三节 似有似无的套路

所谓似有似无的套路，是指使用太刀不可受限于既有的套路。根据太刀的五种不同朝向（即上、中、下、右肋、左肋）称其为五种套路。

使用太刀最重要的是根据敌人的进攻态势因地制宜、灵活应对，时刻记住要以容易斩杀敌人为根本。有时候采用上段的姿势，根据场合略作调整就会变成中段的姿势；中段的姿势如果稍稍提剑就变成上段姿势；下段的姿势根据形势稍稍上扬就是中段姿势。两肋的姿势如果刀稍稍往中间偏一些，就会变成中段或者下段姿势。因此，从这个意义来说，套路并不存在。

总之，一旦拿起太刀，最重要的事就是斩杀敌人。无论是格挡、应接、拍打、回刀、轻触敌人的太刀，谨记，这些都是斩杀敌人的契机。

如果过于受敌人手中太刀的影响，那么就无法专心于斩杀敌人。千万记住，任何动作都是为斩杀敌人而做的铺垫。

如果从大型用兵的角度来考虑，兵力的安排就相当于套路的设计。所有的努力都是为了在大会战中取胜。受限于套路是很不利的，希望你们好好感悟。

◎ 附记

作者首先分五个小节阐述了五种基本招式，在此基础上，又在本节提出"似有似无的套路"的观点。简言之，就是虽然剑术有各种各样的套路，但是不可受制于套路。如果在实战中总是考虑要使用某种具体套路，动作就会受限，反而无法发挥出个人真正的实力。

水之卷

▫ 第十四节　一击制敌

进攻虽然只是一个节拍的瞬间，但也要了解敌人和自己的太刀位置，要趁着敌人还没做好心理准备的时候，心无杂念，以迅雷不及掩耳之势直击敌人要害。

趁着敌人尚未起刀或者抽刀或者挥刀前，出其不意地出手，这也是一种节奏。

请多加练习以争取快速制敌。

◎ 附记

本节主要讲述在实战中把握节奏的重要性。必须注意的是，作者所说的节奏并非一味求快，而是趁敌人攻击之心未起时，在读懂敌人的心理后，把握时机、先发制人。在柳生宗矩所倡导的理想的剑术——"活人剑"中，也有类似的观点。在实战中最重要的第一刀并非实物的刀，而是观察敌人的动向，在这基础上挥砍太刀杀敌只不过是第二刀罢了。他提倡在实战中重要的不仅仅是直接技法，还有心法。在现代看来，这是一种精神训练法，在观察对手的动态和心理的基础上，在任何情况下都能够保持好心态，完全发挥出自己的实力。

□ 第十五节　乘胜追击（两重奏）

所谓两重奏，指的是我方准备出击时，敌人迅速退缩、准备撤退；或者敌人想要进攻，我方要佯装继续攻击敌人，这时候敌人在紧张之后略有疲软，我方乘机迅速攻击，然后趁敌人更加松懈之时，一鼓作气连续发起攻击。

仅仅依靠阅读本书的文字无法深刻理解，可寻名师予以指导。

□ 第十六节　无念无相击

这是一种攻击性的打法。如果敌人准备出击，我方也打算出手，那首先身体上要做好出击的姿势准备，思想上也要聚精会神，全力以赴随时准备出击，然后出其不意给予敌人致命一击，这就是所谓无念无相[1]的出击。这是最重要的攻击方法，也是最常用的打法之一，请务必用心学习并多加练习。

---

[1]　无念无相是佛教用语，一般写作"无念无想"，意为进入无我的境界，抛弃一切念想。本书中作者写为无念无相，译文也遵照作者的用法。

◎ 附记

无念无相的命名法带有神秘主义色彩，要一分为二地解读。宫本武藏强调的是身心与手的分裂，不是心灵与身体的分裂，也就是说经过反复修行，身体就算在动，心灵依然可以保持静如止水的状态。无论处于何种状态，动作都是自由的，就算是神仙也无法轻易窥探自己内心的想法。

▫ 第十七节 流水击

所谓流水击[1]，指的是当自己与敌人势均力敌的时候，若敌人准备迅速后撤或者左右躲闪继而又挥刀奋力反抗时，应当全身心投入，以绵绵刀势予以防守，等抓住机会，如河川突然静止以蓄势奋力击出。掌握此击法，便可立于不败之地。此法的关键在于看准敌人的位置，一击必中。

---

[1] 这个招式的命名方法，武藏使用了文字游戏。因为提到流水，作者联想到了停滞的流水。本处的流水击不是指像流水一样顺畅的打击，而是像流水突然停滞之后瞬间迸发出巨大的威力，是一种防卫性打击。因此，流水击的完整说法应为"流水停滞打击法"。本处译文尊重原文的说法，故译成"流水击"。

第十八节　机缘击

我方出招，敌方招架闪避时，可趁势攻击其头、手或脚。一刀劈出，攻势能同时覆盖敌方多个身体部位，再依具体情况攻击其中一点，此为机缘击[1]。此种击法应多加练习，对战中常会用到。经过反复实践，终能体会个中奥妙。

第十九节　雷火击

雷火击[2]指的是敌我双方太刀纠缠一起时，不用抬刀即以电光石火之势奋力出击。此击法的关键在于集中双脚、身体和双手的力量，瞬间爆发。此招需多加练习才能运用自如，发挥杀伤力。

---

[1] 这个招式的命名向来存在不同的解读。一般有两种主流看法。一种认为当下的攻击成为下次攻击的机缘，另一种认为"缘"是边缘之意。太刀挥斩一下，可以一次性打击敌人多个部位。

[2] 原文为"石火"。古有"击石火，闪电光"之说。

◘ 第二十节　红叶击

红叶击[1]指的是打落并夺走敌人手中的刀。当敌人在你面前挥舞刀时，以无念无相击法或者雷火击法，刀尖向下猛力击出，对方手中的刀必会落地。

练习熟练后，便能轻松打落敌人手中的刀。请各位多加练习。

◘ 第二十一节　化身为刀

也可称为"化刀为身"。在对战时，太刀不可能与身体同步。根据敌人进攻态势，首先身体要做好回击的准备，然后太刀才能出击。或者身体保持不动，太刀挥出攻击敌人。通常是前种情况居多。

---

[1]　这种命名方式与前面流水击的命名方式类似，是作者经常用到的一种文字游戏。因为这种打法的目的在于打落敌人手中的刀，而在日语中说到"落"，一般就会联想到红叶，故译为"红叶击"。

◎ 附记

宫本武藏这种关于"身与刀"关系的说法与一般的观点不同,一般认为太刀是工具,通过练习,外在的工具会成为身体的延长,也就是外在的工具内化了。但是宫本武藏的说法与此截然相反,他所倡导的境界更高。第一步,身体与工具是外在的活人剑;第二步,随着技能的增长,身体与工具的关系内在化,一体化;第三步,上述身体与工具的一体性解体,形成一种分裂的运动,这种分裂不是观念性而是实践性的。

▪ 第二十二节 "攻击"与"触击"的区别

"攻击"与"触击"是两回事,"攻击"是无论用哪种招式,都是有意识地击打,"触击"则是偶然行为。触击时击中敌人,就算力道很强,敌人瞬间毙命,也只不过是"触击"。

"攻击"是有意识地出剑,关于这一点请一定要明白。先触击敌人的手部或者足部,然后再突然发力攻击。"触击"也可以说是类似触摸一样的行为。如果好好加以体会就能领悟两者的不同,这是需要下大工夫的地方。

◎ 附记

以上宫本武藏分九小节阐述打击敌人的技巧，这是作者自身的经验之谈，并非生硬的理论。其中，特别值得注意的是"化身为刀"，作者指出，在实战中身体要做好回击的准备，然后才是太刀的出击。这是置之死地而后生的决绝。如果在战斗中，内心过于惧怕敌人，自然身体向后退缩，这样不但无法杀敌，自己马上会被敌人斩杀。在战斗中，身体一定要勇敢决绝，行动于太刀之前。

◻ 第二十三节　秋猴身法

秋猴[1]指的是手臂短小的猴子。秋猴身法指的是不要伸直手臂。在接近敌人时，千万不要心存伸手之念，而是要在敌人出击前，将身体迅速贴近敌人。

如果一心想着伸手，身体必然会远离敌人，所以一定要先贴近。如果和敌人的距离保持在伸手就可以接触的范围，那么贴近敌人是很容易的。这一点请多多了解。

---

[1] 一说愁猴。

第二十四节　漆胶身法

漆胶身法指的是无限靠近敌人的身体，就像突然被油漆黏住一样分不开。不仅仅是头部，躯干和双脚靠近，还要全身其余各个部位都无限靠近。

一般情况下，轻易可以做到脸和双脚迅速贴近敌人，但是躯干往往迟了一步。务必谨记身体各个部位要全部贴近，不留任何间隙。这一点请用心研究。

第二十五节　比高法

比高法指的是无论任何情况下，只要靠近敌人，身体一定不能表现出任何退缩，必须站直、挺腰、伸长脖子，把头抬得和敌人一样高，如同和对方比身高一样。要坚信自己一定能赢，充分伸展自己的身体，强势靠近敌人。这一点非常重要，请一定下工夫好好练习。

第二十六节　黏刀术

双方激战正酣之时，如果敌人挡住我方太刀，一定注意要用自己的太刀黏住敌人的太刀，不可松懈，同时紧紧贴住敌人身体。

"黏住"指的是太刀不要轻易分离，但注意不可用力过猛。抵住敌人太刀的同时向敌人靠近，身体动作保持平稳。注意"黏住"不是"纠缠"，"黏住"强而有力，"纠缠"软弱无力，这一点请用心体会。

第二十七节　冲撞术

冲撞术指的是迅速逼近对方，用身体猛撞敌人。此法应注意脸部稍稍偏转，左肩前倾，猛撞敌人胸部。

冲撞时，应尽可能运用最大的身体冲力，一鼓作气。如果经常练习，可以把敌人撞飞到几米开外，甚至直接夺取敌人性命。请勤加练习。

第二十八节 挡剑三招

挡剑三招分别见下：

第一招，靠近敌人，面对来袭的太刀，佯装以手中太刀

挡剑三招之一

挡剑三招之二

水之卷

挡剑三招之三

攻击敌方眼睛,把对方的太刀拨到自己的右侧;

第二招,太刀佯攻敌人右眼,等对方太刀回挡刚好架住敌人的脖子;

第三招,使用短刀接敌时,不要过多考虑如何避让来袭之刀,尽量靠近敌人,佯装用左拳攻击其脸部,以迫使他后退。

以上三招,左手都要握紧,佯装随时攻击敌人的脸部,以分散敌人注意力。请多加练习。

第二十九节 刺面术

刺面术指的是当与敌人势均力敌之时,最重要的是要从心理上不断暗示自己用刀尖刺击敌人面部。

只要心存刀刺敌人面部之念,对方的头部和身体就有可能后仰，而我方就有各种击败对方的可能性。请务必多加练习。

在和敌人对决时，如果对方身体后仰，我方便胜利在望。因此，务必谨记这点，在修习兵法之时，多加练习这种有效的战法。

刺面术

第三十节　刺心术

在与敌人决斗中，当上部空间有限，左、右侧也无法自由伸展手脚，无论如何都无法觅得斩杀敌人机会之时，可使用刺心术。为躲避敌人袭来的太刀，要把我方的太刀刀背正面朝向敌人，刀尖向下，直直刺向敌人的胸口。当极度疲惫或者刀刃已钝之时，使用这招可以起到意想不到的作用，希望各位细细体会。

水之卷

刺心术之一

刺心术之二

第三十一节 "喝咄"术

"喝咄（duō）"[1]术指的是我方发起进攻并将敌人包围，对方意欲反击之时，我方从下向上撩刀并刺向敌人，即"反击"。总之，就是快节奏攻击对方。"喝"是向上提刀动作的拟态，"咄"是攻击时的快速节奏。这种节奏在交战时经常会遇到。

"喝咄"的关键在于一定要刀尖向上提，内心要有刺向敌人的信念。提刀与刺敌动作需一气呵成。请多加练习。

第三十二节 格挡闪击之术

格挡闪击之术指的是交战中当双方僵持不下陷入胶着状态时，我方使用太刀进行反击的一种招式。

格挡闪击不是奋力反抗，也不是被动投降，而是灵活应对，先挡住敌人的太刀然后迅速出击，通过格挡占领先机，然后刺杀，这点非常重要。

---

[1] "喝""咄"二字都是禅定用语，这里为拟声词，用来表示快节奏的连续攻击。

无论敌人的进攻多么猛烈，只要我方做好随时格挡的准备，掌握节奏，手中太刀就不会被对手压制。这一点请充分领悟并多加练习。

第三十三节　以一敌多法

只身对战多个敌人时，应当左右手分别握住太刀和肋差，向两边伸展置于两肋下方。

当敌人从四面八方进攻之时，需明白一定要把敌人朝同一方向驱赶过去，要注意分清哪些敌人先进攻，哪些跟随其后。先击败首批之敌，同时注意观察战场的整体态势和敌人的站位，左右手交替挥刀斩杀敌人。出刀时斩杀面前之敌，收刀时斩杀两侧之敌。

挥舞着太刀等待敌人进攻是不明智之举，要迅速在两肋处备好太刀的架势，敌人一旦出现就要立刻强势出击，砍杀致其溃败，然后再顺势砍向下一个即将行动的敌人。

在砍杀敌人过程中，最重要的是如驱赶被追捕的鱼群一般，一旦敌人阵形混乱，便要毫不犹豫、雷霆出击。

如果执着追击，有可能陷于不利之地；如果一心想着等到敌人行动再出手，有可能延误战机。所以一定要洞悉敌人攻击的节奏，辨明时机，一旦其自乱阵脚，便出手击败对方。

这种打法要求平日召集多人进行训练，要习惯于有目的性地驱赶敌人。只要熟练掌握了这种感觉，无论是面对一个还是十个甚或是二十个敌人，都可以轻而易举击败对方。请多加训练，好好体会。

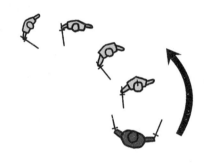

以一敌多法：如驱赶被追捕的鱼群一般

第三十四节　战之胜

所谓战之胜，就是实战中运用兵法，使用太刀，从而掌握获得胜利的方法。这些内容只可意会不可言传，必须通过反复训练才能自行体会。

这些方法包罗万象，真正的兵法之道需在刀法中慢慢领悟。

第三十五节　一击必杀

"一击必杀"[1]是兵法中能够切实取得胜利的招数。但是,如果不深入学习兵法,就无法体会到这一点的奥妙。

如果经常练习,那么,兵法就会慢慢内化为能够自由发挥运用的自我意识,就能够轻而易举地取得胜利。请好好加以练习。

第三十六节　直通之心

直通[2]是指直接通达,领会精髓。所谓直通之心,指的是领会二刀一流真正的道,然后传承下去。请务必好好练习,在实践中领悟兵法之道非常重要。

---

[1]　原文直译为"一之打",其意究竟具体何指,后世多有争论。有学者认为这是类似某种仪式感的东西,指在进攻敌人时要怀有敬畏之心。

[2]　"直通"这个词也是武藏流兵法中才有的词汇。本处直译。

▫ 水之卷后记

以上这一卷便为二天一流派的剑法大纲。

在兵法中，要理解如何使用太刀战胜敌人，首先要学会五种持刀的基本招式，身体需柔韧灵活，心思需自由敏锐，要掌握节奏，这样自然而然就能熟练掌握太刀的使用方法，手脚也更加灵活，可随心运用。于是从战胜一个敌人开始，慢慢地可以挑战群敌，在战斗中了解兵法的优劣所在。请多加训练所记载的每一个招式，在实践中慢慢理解兵法的奥妙。但是，学习兵法不可操之过急，要时刻怀有学习之心，通过实践去领会。无论与谁战斗，洞悉对方的心理十分重要。

千里之行，始于足下，一定要不骄不躁，沉下气来，坚持修习兵法。需知修行是武士的职责，只要今天的自己强于昨日的自己，明日的自己能够战胜今日的自己，终有一日便可打败武艺高强之人。

务必按照本书之奥妙专心练习，切勿堕入旁门左道，反受其害。

有时就算战胜敌人，但是如果违背了师门教导的取胜方法，那就不能称之为真正的兵法。明白这个道理，才可以一敌百。

如果能够做到以上所讲述的内容，之后只要通过剑术知识的学习和实践，无论是单打独斗还是以一敌多，取胜都是水到渠成。千日练习曰"锻",万日练习曰"炼",请务必用心领会。

正保二年(1645年)5月12日　新免武藏
寺尾孙丞殿
宽文七年(1667年)2月5日　寺尾梦世胜延
山本源介殿

火之卷

□ 序言

在二刀一流的兵法中，把战争比作火势，本卷记载的是实践中有关战术的应用。

首先，当今所谓的兵法家总是过于注重兵法中的细枝末节，有些人只知握拳挥掌的威力，有些人只知如何使用铁扇，有些人只知使用竹刀操练一些容易上手的技巧借以锻炼手脚，他们只重视那些立竿见影的技巧。

与此相对，二刀一流的兵法，要求通过无数次的生死决斗，让练习者在生与死的经历中体会兵法的精髓，了解剑术之道，通过不断训练学会克敌制胜。因此，上述那些微不足道的细枝末节，根本不入本流派法眼。在残酷的战场上，也不允许武士去思考这些雕虫小技的作用。

如果在决一生死的战场上能够切实体会到以一敌五甚至以一敌十的方法，也就能掌握千人战胜万人的兵法。请好好体会。

平时训练中，召集千人或者万人共同模拟大战是不现实的，但是就算一个人手持太刀单打独斗，也要努力洞悉敌人的策略，知晓敌人的实力和战术，运用兵法的力量，掌握战胜千军万马的技巧，从而成为兵法之道的大方之家。

究竟这天下谁能真正习得我二天一流派的兵法之道呢？我坚信总有人可以通过毫不倦怠的锻炼，获得大自在的奇妙力量。这就是武士修行兵法应持有之决心。

◎ 附记

水之卷记载了太刀的基本使用方法，火之卷主要记载实战中战术应用。火势凶猛时具有破坏一切的力量。宫本武藏流派的兵法就是像大火一样具有破坏性，因此把战争比喻为火。水是自由自在的，火的形态也是变幻莫测。火随着风势可大可小。战场上，无论是一对一的决斗还是千军万马的厮杀，道理都是一样的。同时，宫本武藏指出，世人总是拘泥于兵法的细枝末节，宫本武藏流派则摒弃这种做法。

▫ 第一节　占据有利地形

战斗时，是否占据有利地形至关重要，其中一条判断标准就是是否"背阳"。也就是说要背对着太阳，如果有些场

合无法做到,那就让太阳处于自身右侧。

在室内时,要让光源位于身体背后,无法实现这一点,就让光源位于右侧,这和前述道理是一致的。为了不让自己腹背受敌,要尽量在身体左侧留出足够宽敞的空间,右侧的位置则不要留有太多空间。

夜间作战,在敌人视线可及之处,要把光源置于身后或者右侧,这和前面所述道理一致。站位时务必注意。

另外,战斗时尽量让自己处于地势稍高的位置,这样就可以俯视敌人,有利于观察情势和预测变化。如果是在室内作战,上座就是高处,因为上座的地板略高于其他地方。

背对着光源

火之卷

双方交战中,追赶敌人时,要把敌人往其身体左侧不利于后退的位置驱赶。无论在任何场合,这都是非常重要的。

当敌人身处险境,要一鼓作气追赶下去,不要留给敌人查看周围情势的机会。如果在室内,要把敌人往门槛、门楣、门窗隔扇或者走廊、柱子等处驱赶,都是为了不让敌人有观察周围空间的机会。

无论任何时候,追赶敌人时,如果遇到不利地形,一定要化害为利,充分利用地形特点,占领先机,这点非常重要。请好好体会并多加练习。

让光源处于身体右侧

第二节 三种先机

以下三种情况应抢占先机：

第一，当我方向敌人发动进攻时，这称为"悬之先机"；

第二，当敌人向我方发动进攻时，这称为"待之先机"；

第三，当敌我双方同时发动进攻时，这称为"体体之先机"。[1]

无论任何形式的战斗，在最初阶段，无外乎就是以上三种先机。有时，赢得先机便意味着胜利。在兵法中，先机至关重要。先机的内涵十分丰富，在实战中究竟要抢占何种先机？最关键在于因地制宜，洞悉敌人意图，充分发挥兵法的智慧，但关于这一点无法用文字完整地详细说明。

第一，悬之先机。当我方意欲向敌人发动进攻，不可冒进，要静待时机然后再迅速出击。身如闪电而心如磐石。一旦逼近，要全力出击，内心不动如山，一心杀敌。总之，强大的内心是取胜的关键，这些就是"悬之先机"。

第二，待之先机。当敌人向我方发起进攻时，我方可先稍稍示弱，但敌人一旦靠近，就要爆发出强大气势，抓

---

[1] 此处宫本武藏所提的三种先机都采用直译的方法。第三种"体体之先机"，这种命名方法可以让人联想到敌我双方肉体激烈冲突的场面。也有译作"对对之先机"。

住敌人进攻节奏变化的空隙，立刻反击。这时敌人可能会措手不及，出现疲软之势，便趁机一举拿下。这就是"待之先机"。

第三，体体之先机。当敌人发动攻击时，我方应不骄不躁地强势应对。对方靠近时，要立刻做出以死相拼的架势。敌人一旦略微迟疑、出现疲态，便猛烈出击。如敌人缓慢接近，我方要稍微移动身体，诱敌深入。要根据实际情况选择合适的战术，这就是"体体之先机"。

以上三种先机，无法用文字完全说明。希望各位能仔细斟酌，用心体会。要根据战场实际情况灵活运用，尽可能由我方发起进攻，以掌握先机。

所谓先机，在任何场合都是兵法制胜的智慧，请务必好好锻炼。

第三节　压枕法

所谓压枕法，原指让对手无法抬头，这里即是压制对手，令其无法反抗之意。在兵法中，取胜关键在于我方要占据主动权，让敌人随自己的意愿而移动。

但实际交战中，双方都会有此打算，所以如果无法及时觉察敌人出动的方位，就无法抢占先机。在兵法中，要格挡敌人的砍劈，要压制敌人的刺杀，敌人若群起而攻则要各个击破。当你领会了兵法的真髓，与敌人交锋时都可以提前识破敌人的意图。如果敌人准备砍劈，在他动这个念头之时就立刻压制住他；在敌人刚想到"进"这个字时就挡住他；当敌人准备刺杀时，在他刚想到"刺"这个字时就压制住他，这就是压枕法。还有一点非常重要，当敌人向我方出招时，若这招不会有实际威胁就任其施展，我方只需去压制那些真正有威胁的招数，将其扼杀在萌芽之中。

在实战中，若总是思索如何"压制对手，化解招数"，那就已然落于下乘。首先，我方每一步都要充分运用兵法之道，如果敌人也欲施展手脚，则要将其压制于初始状态。要让敌人的任何企图都无法发挥作用，让敌人被我方牵制，这才是真正的兵法。这些都是不断实践的成果，请一定好好学习。

◎ 附记

前两节，宫本武藏主要强调抢占先机的重要性。不仅仅在兵法中，在工作、生活中的任何场合，抢占先机都是非常重要的。

第四节 津渡

所谓津渡，指的是渡海时，有的像濑户内海[1]这样的海峡，距离不远但困难重重；有的海峡则长达四五十里[2]，风险难测。人活一世，需要克服众多困难，逾越重重难关。

在航海时，只要知道方位和船只的性能优劣，了解天气状况，即便是孤舟漂泊，也可以根据当时的状况，充分利用侧向风或者船尾风来航行。就算有时中途风向突变，完全不依赖风力，奋力摇橹坚持二三里路，怀有一颗必达目的之心奋力前进，也能实现安全横渡海峡的目标。

人活在世上，必须有这种拼尽全力实现目标的意志。

在兵法之道中，克服困难努力渡过难关的意志非常重要。了解敌人的状况，正确评估自己的能力，运用兵法之道的智慧去克服各种危机，这和优秀的船长克服困难渡过海峡是一样的道理。

只要克服了困难，之后就是康庄大道。因为这会让敌人胆怯，让我方占领先机。无论是群战还是单挑对决，这都非

---

[1] 位于日本本州、四国、九州之间，东西约440公里，南北5~55公里，是日本最大的内海。自古以来航运发达。有些航段水深浪急，航行困难。

[2] 里是日本古代的长度单位，现已废除使用。1里大约折合3.93公里。四五十里约160~200公里。

常重要。关于这一点请好好研究。

第五节　洞若观火

所谓洞若观火指的是在战争中，要观察敌人是士气高涨还是萎靡颓废，要掌握敌人的部队编制和人数，根据实际情况决定我方应出动的人数和战术，结合兵法的智慧，确保采用必胜的策略，争取抢占先机。

而在一对一的决斗中，要充分知晓敌人的战术特点，了解对手的个性，试探对手的长处和短处，出其不意发动攻击，抓住敌人攻击节奏间隙抢占先机。

只要拥有足够的智慧，就不难看清事物的形势。对兵法运用自如，能够深刻揣摩敌人的内心，自然能够悟出多种取胜的方法。这需要多下工夫。

第六节　踏剑法

踏剑法是兵法中独有的比喻说法。

在大型战役中，敌人一般使用弓箭或者铁炮试探，然后发起正式攻击。此时，我方若花费时间准备，敌人又已上好弓，装好炮，准备新一轮进攻。这样，我方是无法突破敌人阵营的。

因此，面对敌人的弓箭和铁炮，要不畏牺牲，迅速向前，如果攻击及时，敌人就没有充足时间上弓、填炮。当敌人进攻时，要坦然迎战，并将其击溃。

一对一的决斗中，如果在敌人出刀后才回击，那就慢了一拍，将会处于被动挨打的局面。面对敌人挥舞的太刀，要以用脚踏平剑的坚决心态一举克敌，让敌人无法发起二次进攻。

踏剑法中的"踏"，不仅仅是用脚踏，而是要用整个身体，全部的意志压制对方。当然工具是手中的刀，注意一定要一举而胜，让敌人没有再次出手的机会。但是，这并非指与敌人正面过招，而是在其攻击瞬间毫不犹豫采取反制行动。这一点请好好学习。

◎ 附记

本节中宫本武藏指出在对决时最重要的是，要用整个身体和全部的意志压制对方，如果仅仅依靠太刀就无法顺利斩杀敌人。真正让太刀发挥作用的不仅仅是脚，更是整个身体和心志。这就是禅所说的"身心一如"。

◘ 第七节　一击而溃

事物都有衰败的时候。房子有破旧坍塌之日，身体有年老力衰之时，敌人有败溃之机。这些都是因为事物内部紊乱，导致全面崩溃。

在大会战中，不要错失良机，要把握敌人溃败的节奏，趁势追击。如果错失敌人溃败的关键时刻，他们就会重整旗鼓，卷土重来。在一对一的决斗中，也是同样如此。

因此，要敏锐捕捉敌人落败的迹象，彻底追击直至其全面溃败。追击敌人时，要一鼓作气猛烈攻击。请务必好好体会"全线崩溃"这个词，如果对敌人有任何手下留情的想法，便会拖泥带水，造成不利的局面。这是需要下工夫去体会的。

◘ 第八节　易地而处

所谓易地而处，指的是站在敌人的角度换位思考。

纵观世间，普通人面对强盗或者窃贼，都会认为他们是穷凶极恶之人。但是如果站在盗贼自己的角度来看，却是过街老鼠，随时准备逃遁。盗贼的内心是恐惧而绝望的，处于前有追兵、后有堵截的四面楚歌之境。

防守一方是笼中之鸟，进攻一方是展翅雄鹰，请一定好好体会这一点。

在战争中，往往会认为敌人非常强大，因为畏敌而变得消极。但是，一定要坚信我方兵强马壮，深谙兵法之道，定会一举打败敌人。这一点请好好体会。

第九节 另辟蹊径

当战争陷入僵局时，要采用其他战术力求胜利。

战争一旦陷入僵局，军心就有可能发生动摇。这种情况下应尽早改变战术，出其不意向敌人发起进攻。

在一对一的决斗中，一旦发现战斗陷入僵局，要立刻改变战术，观察敌人情况，根据实际情况，因地制宜采取各种手段力求获胜。这一点非常关键。

第十节 打草惊蛇

打草惊蛇是无法看清敌人真实意图时采用的方法。

当无法窥探敌人意图时，我方应佯装要强势攻击，以试探敌人的应对手段。知道敌人所要采用的战术，我方就可以

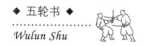

根据实际情况加以应对。

另外,在一对一的决斗中,如果敌人采用把太刀放在身后或者两肋间这种非常规战术,我方便不易看清敌人的意图。此时若是佯装攻击敌人,从对方的反应中就可窥见敌人的意图,从而采取适当战术全力克敌。我方若稍有松懈,战机就将转瞬即逝。请好好体会。

▫ 第十一节 压制战法

压制战法是在清楚知道敌人意图时所采用的战法。

战斗中,要用强大的气势压制住敌人的攻势,使对方受挫而内心慌乱。这时,我方也应当适时转变心态,调整战术,一举克敌。

在一对一的决斗中,面对士气高昂的敌人,要善于把握敌人的节奏压制对方,当敌方出现疲态之时,就是我方出击之时。应好好利用机会一举获胜。这一点请好好体会。

▫ 第十二节 转移传染法

凡事都会转移传染。一个人困倦了,这种情绪会传染给别人;一个人打呵欠,周围的人也会不自觉打呵欠。时间的消逝感有时也会感染。

在战争中,当敌人无法平静,急躁不安时,我方应佯装毫不知情,平常应对。如此,敌人就会误认为我方也处于消极状态,而松弛懈怠。一旦这种气氛成功传染到敌人身上,我方应抓住时机,快速、强势攻打敌人以求获胜。

另外,迷惑敌人也是同样的道理。我方或佯装产生厌战情绪,或表现出焦躁不安的样子,或向对方示弱,这些都是迷惑敌人,甚至将这些负面情绪传染给对方的方法。关于这些内容请仔细揣摩。

第十三节　扰乱敌心

人的内心在很多情况下都会产生动摇。比如遇到危险的情况,比如遇到棘手的问题,比如遇到意料之外的事情。这一点应好好研究。

战争中,应设法动摇对方。出其不意攻其不备,在敌人惊魂未定之时,乘胜追击、一举获胜,此点至关重要。

另外,在一对一的决斗中,一开始要缓缓进攻,然后突然发起猛烈攻击,此时敌人内心必然发生动摇。在敌人还未回神之际,趁热打铁获得胜利。这一点十分重要,请好好体会。

◘ 第十四节 震慑术

人总有胆怯不安之时，总是容易被一些意外之事所震慑。

在战争中，震慑敌人并不仅限于肉眼所能看见的事物，有时候可以利用声音威吓敌人；有时候虽然兵力不足，但可假装人数众多来唬住敌人；有时可以从侧面出击，攻其不备。总之，要紧紧把握敌人恐惧的节奏，利用这些机会获得胜利。

在一对一的决斗中，也是同样如此，可以利用强壮的身体震慑敌人，可以利用声音威吓敌人，可以出奇招攻击敌人。最重要的还是趁敌人恐惧之时，发起攻击获得胜利。关于这一点请好好体会。

◘ 第十五节 混战法

所谓的混战法指的是当敌我双方短兵相接、胜负难分之时，如果战局无法朝着自己希望的态势发展，那就索性将部队和对方混杂到一起，乱中取胜。

无论是群战还是单挑，如果敌我双方泾渭分明争得你死我活、难分胜负，宜采用混战法，先和敌人混杂在一起，然后把握最好的时机，采用最优战术力求一举克敌。这一点十分重要，请一定好好体会。

第十六节　攻击突出部

面对强大的敌人，正面强攻的难度太大，此时宜采用攻击突出部位的战法。

在战争中，首先要看清敌人的阵势，攻击其脱离本阵的突出部队，如果首战告捷，敌人的整体士气就会被削弱。只要不断对敌人的突出部队予以打击，我方就有获胜之机。

在一对一的决斗中，如果不直接攻击敌人的躯干部分而是攻击身体中突出的部分，比如手部或者足部，那么敌人就

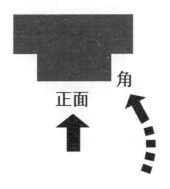

攻击突出部

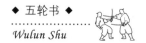

会逐渐丧失战斗力,这样就很容易获得胜利。请好好研究其中的奥义,并深刻理解其获胜之道。

第十七节 彷徨法

彷徨法指的是让敌人心神迷乱的方法。

在战场上,需识破敌人的意图,运用兵法智慧,让敌人心思迷乱,举棋不定,患得患失。此时,要抓住敌人彷徨的时机,采用合适的战术打败敌人。

同样,在一对一的决斗中,要善于把握时机,采用各种战术虚张声势、迷惑敌人,时而佯装进攻,时而作势刺杀,趁敌人彷徨之时,一举克敌,这是战斗的要诀。

这一点请务必用心体会。

第十八节 狮子三吼

狮子三吼指的是在战斗的开始、中间、结束三个阶段发出的不同吼叫。根据不同的时间和场合发出不同的吼叫,可以显示个人气势,即便面对火灾、风灾、大浪也不用畏惧。

战争最初阶段的吼声,应尽可能大声喊出,以气势压倒对方。中间阶段的吼声应尽可能压低声调,以丹田之力发声,集中主要精力攻击敌人。战斗结束时,吼声要强劲有力。这就是我们所说的"狮子三吼"。

在一对一的决斗中,为了诱惑敌人出招,应先大吼一声,随即挥起太刀发动攻击,在击败敌人后再大吼一声,此为宣布胜利的声音。这称为"后发之声"。

但是,在挥砍太刀的同时大声吼叫是不可取的。在战斗过程中的吼叫是为了稳定自己的进攻节奏。这一点一定要了解清楚。

▫ 第十九节　迂回攻击

战争中,如果双方势均力敌,处于对峙状态,而敌人又非常强悍,此时不可硬攻,应集中力量攻打敌军的某一处,当此处敌军疲软溃败,立刻转攻敌方其他强势的地方。这种战术就像是在走羊肠小道一般,在曲折中前进。

面对群敌,上述方法十分重要。要对某个方向的敌人发起进攻,当敌人退缩时,转向攻击别处强悍的敌人。要善于把握战斗的节奏,时而攻击左侧,时而攻击右侧,要以走曲折山路的心态,观察敌人的情况然后予以攻击。在了解敌人实力的基础上,一鼓作气发起猛烈攻击,绝不退让,直至取得胜利为止。

当一个人面对群敌,或当敌人无比强大之时,都应有上

述心态。虽然战局困难,但是绝不退缩,在曲折中坚决向目标前进。这一点请好好体会。

第二十节　粉碎攻击

粉碎攻击指的是就算敌人看起来很弱小,我方也应当强势面对,一举击败敌人,片甲不留。

在战争中,当看清敌人势单力薄,或者就算对方人数众多,但是士气低迷、战斗力薄弱时,便立即趁机攻击,将敌人一举击溃。否则,敌人有可能卷土重来。因此,战斗时要把敌人当作手心的蚂蚁一样彻底粉碎。这一点请好好体会。

在一对一的决斗中,面对经验不足的敌人,或者敌人自身乱了阵脚时,一定不要留给对方喘息之机,不可手下留情,要将敌人彻底击败。关于这一点请好好体会。

第二十一节　山海变幻

"山"和"海"都是指令人出乎意料的招数。

山海变幻指的是在和敌人对决的过程中,不要重复使用同一招数。即使有时候不得不第二次使用,但是绝不可使用第三次。

在出招时，如果第一次被敌人破解，那么，再次使用相同招式是不会有效果的。这时应使用其他招数，如果还是未能见效，那就应当果断更换新的战术。

因此，当敌人以为是"山"时，我方采取"海"术；当敌人以为是"海"时，我方采取"山"术。一切攻击都要让敌人始料不及，这就是兵法之道。请好好体会。

◘ 第二十二节　釜底抽薪

和敌人战斗时，有时候招数上已经获胜，但这仅仅是一种表象，因为敌人尚存战斗意志，并未完全放弃。

此时应当乘胜追击，彻底粉碎敌人反击的念头，让其彻底崩溃，放弃抵抗。这种釜底抽薪的方法，根据不同的场合有不同的运用，不可一概而论。有时候可以利用太刀彻底击杀敌人，有时候可以利用身体震慑敌人，有时候则可以从心理上摧毁敌人。

要让敌人彻底崩溃，不留任何幻想，我方不可存任何慈悲之心，要毫不留情彻底消灭对手。换言之，只要我方有一丝迟疑，就难以彻底击败敌人。无论是群战还是一对一的决斗，请好好练习这种釜底抽薪的方法。

▫ 第二十三节　推陈出新

推陈出新法指的是当战争进入胶着状态时，要放弃先前的战术，要有从头开始的思想觉悟，抓住节奏，果断采取新的招数，力求获胜。

战斗中把握改变战术的时机非常重要。只要有兵法的智慧，就能迅速明白。关于这一点请仔细体会。

▫ 第二十四节　鼠头马首

鼠头指的是老鼠的谨慎细心，马首指的是骏马的胆量。作为武士应两者兼备。在和敌人对决的过程中，相互都会因一些细枝末节分神。当战斗陷入僵局时，一定要记住兵法之道中所强调的"鼠头马首"。这些细节看起来毫不起眼，但要学会利用这些细节化小为大，进而掌握战斗主动权。这就是兵法中所说的一种心理战术。

无论武士还是平民，都应记住鼠头马首，化小为大的重要性。在战斗中请谨记以上内容。关于这点请仔细体会。

◎ 附记

本节中武藏指出作为武士应当兼备老鼠的谨慎细心和骏马的胆识。如果不具备这两者，就很难在战斗中取胜。如果只有谨慎细心，那就容易变得懦弱；如果只有胆量，就容易鲁莽行事。只有两者兼备才有可能成为一名优秀的武士。这不仅仅适用于兵法，想要活出精彩的人生亦如此。

▫ 第二十五节 统敌如兵

统敌如兵指的是无论什么样的战争，要让战局按照自己的意愿发展，不断实践统领士卒的方法。运用兵法的智慧，把所有的敌人当成自己的士兵，让敌人按照自己的指示行动，自由操控敌人。

如果能做到这一点，那么自己就成了统帅，敌人就成了士卒。请好好体会。

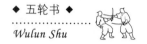

第二十六节　心中无刀

"心中无刀"具备多层涵义。不使用太刀也有取胜的方法，使用太刀也有可能无法获胜。其中内涵丰富，无法用文字一一说明，唯在实践中慢慢体会。

第二十七节　磐石之身

磐石之身指的是如果习得兵法之道，就会变得跟磐石一样坚不可摧，无论身处何时何地，面对何种形势都不会被击败，心如磐石，绝不动摇。

◎ 附记

磐石之身即不动之身，是心灵、技巧、身体完全合一的状态，只可意会不可言传。不动并非指身体纹丝不动，而是无论对方如何，面对任何情况都不分心。不动不是指跟木头、石头一样固定于一处，而是心灵能够向前、后、左、右各个方向自由流动,是不动的智慧。

◻ 火之卷后记

以上为我在实践二天一流剑术过程中的心得。这是我首次总结兵法的取胜之道,前后逻辑可能会有混乱,无法事无巨细地记述。但是我希望这些内容可以成为兵法之道的入门指南。

我自幼醉心于兵法之道,也亲身体验剑术技巧,积累了丰富的战斗经验。在我看来,其他流派有的不过是停留于口头的华丽说辞,有的不过是雕虫小技。这些在一般人看来似乎颇有可取之处,但在我眼里,没有任何实质性的内容,可以说是空无一物。

当然,有些人认为,只要不断实践这些小技巧,也可以达到修身养性的目的。但是,这些华而不实的剑术已经成为兵法之道的弊病,对后世产生了不良影响,导致真正的兵法之道因此失传。

真正的剑术是与敌人战斗时取胜的方法,别无他物。学习本流派兵法的智慧,实践正确的兵法之道,才是获取胜利的正道。

正保二年（1645年）5月12日　新免武藏

寺尾孙丞殿

宽文七年（1667年）2月5日　寺尾梦世胜延

山本源介殿

风之卷

◻ 序言

在兵法之道中，了解其他流派的特点也很重要。风之卷记载的是其他流派种类繁多的所谓兵法。如果不了解其他流派的特点，也就无法准确理解二天一流派的真正内涵。

纵观其他流派的所谓兵法，有的使用大太刀，标榜其力量强大；有的使用短太刀；有的使用的太刀数目众多，标榜使用太刀的招数为其奥妙所在。本文将明确批判上述流派，希望读者能因此明白兵法的优劣，去芜存菁。二刀一流派的兵法与它们完全不同。

其他流派把武艺之道作为谋生的手段，把花哨的技巧作为噱头来吸引学习者，这些皆背离真正的兵法之道。有些流派把兵法之道局限于剑术，通过练习招式提升技巧，以获得胜利，这些也都不是正确的兵法之道。

本卷将一一记载其他流派的不足之处，请仔细体会。希望你们能好好学习二刀一流派的兵法之道。

第一节　偏爱长太刀的流派

在五花八门的流派中，有一些流派偏爱使用长太刀。在本派看来，这是胆小懦弱者的兵法，他们完全不明白在不同场合有着不同的取胜方法。此流派认为，太刀的长度是制胜关键，倚仗其长度让敌人无法靠近，以此获胜。

世间的确有一种说法，"一寸长一寸强"。但这只不过是不懂兵法之人的说辞罢了。认为只要凭借太刀的长度，就可以从远处攻击敌人获胜，这都是内心胆怯所致。可以称之为弱者的兵法。如果敌人靠近，纠缠在一起时，太刀越长就越难自由挥动，这时太刀反而成为一种负担，使用短刀反而更有优势。

偏爱长太刀的人自有一番说辞，但这些不过是他们的诡辩罢了。倘若没有携带长太刀，只能使用短太刀时，就必败无疑吗？

另外，有些战场形势使然，上下左右的空间有限，或者有些场合只能使用胁差，这种情况下若还想使用长太刀，就是对兵法的不自信。战斗将十分不利。还有一些人力气不足，无法使用长太刀。有句古话说，"大中有小"，我们并非一味反对长太刀，只是反对对长太刀过分执着的想法。

在两军交战时，长太刀相当于人数多的一方，短太刀相

风之卷

当于人数少的一方。战场上难道没有寡众相争的情况？不，以少胜多的例子举不胜举。

本流派反对这些狭隘、偏颇的观念，请一定好好体会。

第二节　偏爱刚猛风格的流派

太刀本身无所谓强弱，非常强势挥砍太刀反而可能成为败笔。想依靠蛮力获胜并非易事。另外，有时自认为太刀很强大，在砍杀敌人时铆足了劲反而有可能适得其反；试探挥刀时，用力过猛也不可取。

在与敌人交锋时，不应当考虑挥刀力道的大小。也就是说，在一心想置敌人于死地时，不应当考虑使用何种力道，而只考虑如何才能击杀敌人。

另外，使用太刀时如果力道过大，两刀猛烈撞击，原先紧张的身体更容易失去平衡，从而落败。太刀也有可能因此折断。因此，挥舞太刀时力道太大并不可取。如果用两军交战来比喻的话，强势一方如果想硬攻获胜，敌方自然会考虑请来更强大的援兵，这样势必发展为一场恶战。两者的道理是一致的。

在战争中，没有正确的战术不可能取胜。本流派兵法，从不做勉为其难的事，而是运用兵法的智慧思考如何获胜。请好好体会。

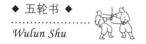

☐ 第三节 偏爱短刀的流派

有些流派只使用短刀求胜，这并不是正确的兵法之道。自古以来刀就有长短之分。一般情况下，身强力壮之人可以轻松使用太刀，他们没有必要特地使用短太刀。同理，他们也可以使用长枪和长太刀以凸显自身优势。

偏爱使用短太刀流派的习武者，他们紧盯敌人挥砍太刀的间隙，随时准备贴身刺杀敌人，这种战术有明显缺陷，并不可取。

在战斗中，如果一心瞄准敌人喘息的间隙，就会非常被动，战事很容易陷入僵局。另外，凭借一把太刀贴身肉搏的方法，在面对大军时是不适用的。

只会使用短太刀的人，面对群敌，即便想砍杀敌人，也需不停在周围游走寻求战机，因此十分被动，很容易被敌人纠缠而无法脱身，这不是正确的兵法之道。

同样是战场上，我方身强体壮，气质如虹正面攻击敌人，围追堵截、跳跃砍杀，这些能够真正获得胜利的方法才是最重要的。

世人在学习兵法时，总是醉心于练习格挡、交手、逃脱、潜伏等细枝末节。但是这很容易陷入被动，被敌人追击。兵法之道必须堂堂正正，让敌人跟随自己的节奏，运用正确战术去战斗。这点十分重要，请好好体会。

◪ 第四节　标榜五花八门招式的其他流派

有一些流派的兵法之道向学习者传授五花八门的太刀招式，这种做法本质上是把兵法学习作为一种交易对待。通过标榜其太刀的花哨招式，让初学者产生错觉以为他们是行家，殊不知这些伎俩都是兵法大忌。

一般人都认为杀敌有各种各样的方法，但实际上这是一种错误的认识。世上并不存在特殊的杀敌方法。无论是否通晓兵法，无论妇孺老少，杀敌的方法无非砍、打、敲、斩，加上突刺或者横砍。总之，兵法之道中不存在多种杀敌的方法。

但是，有时候因为空间的限制或者情势所迫，比如上部空间或者两肋空间受限，为了能够自由地使用太刀，兵法之道研究出五种握刀手法，即所谓的"五方"。除此以外，拧手、扭身、飞跃等砍杀敌人的方法都不是兵法的正道。通过扭、捻、跳等方法无法击杀敌人，这些都不是有效的方法。

本流派的兵法，强调身心皆"直"，即身体要挺直，摆正攻击姿势，内心要端正，毫不畏惧。这样才能有效打击敌人，使其自乱阵脚，闻风丧胆，我方趁着敌人惊慌失措之

时，趁热打铁一鼓作气将其歼灭。这一点非常重要，请一定好好体会。

第五节 拘泥于太刀招式的流派

有些流派非常重视太刀的招式，这也是一种误区。一般情况下，只有非实战的场合才讲究所谓的招式。从古至今，从无依靠固定套路的取胜之道。唯有一往无前奋力击敌。

摆出架势是一种防备，是为了抵御其他事物的影响。比如高筑城墙、布阵，这都是为了在遭受攻击时不受影响、稳如泰山。但是兵法之道中取胜的关键在于先下手为强，防守其实是一种消极等待战机的状态。关于这一点请好好体会。

兵法的胜负之道在于破解敌人的招式，趁敌不备发起攻击。让对方惊慌失措，然后趁敌人混乱之时一举克敌。因此，招数本质上是被动的防守，不值得推崇。因此，本流派的兵法是无招胜有招。换言之就是有所谓的招数，但在实战中不拘泥于招数，要因地制宜寻求克敌方法。

两军对战时，要了解敌人的数量，认清战场的形势，同时了解我方的情况，做到知己知彼。要采取能够充分发挥我方优势的战术，主动出击把握先机，这是大战中最重要的事。

敌人抢占了先机与我方主动出击,这两者对战局的影响可谓是失之毫厘,差之千里。在战斗中运用太刀格挡,即便防御得很到位,终究还是被动的。即使这种情况下手中握的是长枪或者长太刀,其实际效果就像是隔着防御的木栅栏打击敌人,构不成对敌人的实质性攻击。相反,如果攻击敌人时取得了主动权,就像拿掉木栅栏后使用长枪或者太刀主动攻击敌人一样。关于这一点请好好体会。

第六节　其他流派的视线

其他流派中关于视线关注的问题各有说法。有的认为目光应紧盯敌人太刀的动向;有的认为应时刻关注敌人手部的动作;有的认为应认真观察敌人的面部;有的认为应注意敌人脚步的移动。像这样如果过分关注某一处,就会反受其害。这会阻碍你寻求真正的兵法之道。

比如蹴鞠者,因为熟练掌握技能,他的视线并非一直追随蹴鞠,但依然可以出色完成高难度动作。曲艺表演者也是如此,如果技艺娴熟,视线虽有不及,却可以把门板放在鼻子上,可以刀挑小布袋连转几圈。所谓熟能生巧,便是如此。

兵法之道因为已经习惯于各种战术技法,所以能够洞悉敌人的内心,如果参悟了兵法,就能够迅速地判断太刀的位置和速度。兵法中最应该观察的是敌人的心理状态,要用"心眼"去洞察一切。

在战争中,要注意观察敌军的形势。"观"比"见"更重要,需洞察敌人的内心动态,根据不同时刻的战局采取合适的战术力求取胜。

无论是两军对垒还是单打独斗,都不应该拘泥于细节。正如前所述,过分地重视细节就会一叶障目,忽视全局,以致错失良机。请好好体会这些道理,在实战中多加应用。

第七节 其他流派的步法

关于步法,其他流派有踮脚、飞脚、跳脚、踏步、鸟步等特殊招式。但是这些步法在本流派看来都有其缺陷。

战斗中双脚自然有离地的时候,因此,非必要时应当尽量稳稳站在地面上,踮脚并不可取。飞脚也是如此。纵身跃起时,精力分散,无法专注地做下一个动作,战斗中也没有必要反复跃起。这些都纯属昏招。

在战斗中跳跃,身体容易失去平衡,也容易分散精力,对战局不利。踏步法本质上是一种消极被动的步法,很容易被敌人抢占先机,因此这种步法尤其应摒弃。

风之卷

另外，还有鸟步等各种五花八门的奇特步法。但是，战斗的场所各式各样，比如沼泽地、湿地、山川河谷、砂砾地，甚至是羊肠小路。有些场合无法跳跃，根本无法使用上面所提到的这些奇特步法。

本流派主张，即便是战斗的状态，步法也应当与平时走路无异。对战中要保持节奏，危急时刻，也应当保持与平静时候一样的步调，不缓不急，不可自乱阵脚。两军对阵时，步法尤为重要。因为在识破敌人企图之前，若是一味急于进攻，势必乱了节奏，错失良机。相反，如果行动过于缓慢，错失敌人军心动摇开始溃败的时机，也相当于白白浪费战机，不利于战局的发展。敌人动摇时，一定不要给敌人任何喘息的机会。这一点非常重要，请多加练习。

第八节　其他流派崇尚速度

兵法之道中，一味追求出剑的速度并非正道。任何事物，正因为有脱离原本节奏的情形，才有快慢之说。一般人认为的"快"，在技艺娴熟之人眼中，就并非如此。

比如，有的人擅长轻功，一天可以走四五十里路，但并不需要从早到晚快速奔跑。脚程慢的人，即便一整天疲于奔命，也不可能走这么远的路。另外，《老松》[1]本是一曲闲雅、悠扬的曲子，对太鼓技艺生疏的人会觉得节奏过于缓慢而赶拍。《高砂》[2]是一曲欢快的曲子，但是演奏时若是节奏过快也是不对。古话说，欲速则不达，过于着急反而无法把事情做好，因为跑得太快有可能跌倒，反而乱了节奏。当然过慢也是不可取的。

其实，所谓的高明是表面看起来缓和平静，但能紧跟节奏。任何领域的高手，做事都会让人觉得恰如其分。希望以上比喻能让各位明白这些道理。

在兵法之道中，过于急躁是尤其不利的。因为在有些场合，比如沼泽地、湿地等，身体和双脚都无法快速移动。挥舞太刀更是困难。太刀无法像铁扇、小刀那样轻便，越想快速斩杀敌人越是适得其反。关于这一点，一定要有清醒的认识。

在两军对阵时，过于急躁也是不可取的。须遵循前文提到的压枕法，合理控制节奏。

当敌人急于进攻时，一定要反其道而行，静观其变，不要被对方牵制。这点非常重要，请多加练习。

---

[1] 《老松》最初为谣曲名称，相传以天满宫的神木传说为题材制作，用于祈求天下太平。后在此基础上改编为庆祝时所用，由日本传统乐器三味线演奏。

[2] 《高砂》是能乐的曲名。相传兵库县住吉地区的松树和南部高砂地区的松树是夫妻，以此传说为素材作曲，常常用于婚礼等喜庆场面。

第九节 其他流派所谓的秘诀与入门心法

兵法之道中,是否存在秘诀或者入门心法呢?有的艺能,可能存在秘诀之类的东西。虽然存在着通往秘诀的入口,但一旦敌我双方实战,绝对不存在用入门心法战斗,用秘诀砍杀的说法。

本流派在向徒弟传授兵法时,面对初学者,因材施教,根据习武者的武艺,首先传授易于掌握的技能和容易领会的道理。对于那些艰深难懂的道理,则采取循序渐进的方法,随着学习者理解能力的加深,慢慢由浅入深进行传授。

因此,一般情况下,我派都是根据实际情况让学习者一点一点地学习,根本不存在秘诀和入门心法的区别。比如,一个人去登山,想往森林深处走,若一直往深处探寻,有时候反而绕到山林的入口处。无论是什么道,发挥作用的有时候可能是所谓"秘诀",有时候则是简单的入门方法,并不存在定数。

兵法之道中,难道存在藏私?本流派在授业时,不喜欢使用宣誓书或者处罚书之类条条框框的东西。因为相比这些形式的东西,本流派更注重因材施教,好好了解学习者的智慧和能力,教会他们去伪存真,由此走上正确的兵法之道的

学习之路,坚定对本流派兵法的信念。这就是本流派兵法教义的原则,请一定好好领悟。

◎ 附记

在武藏看来,兵法之道是不存在藏私的,他这种主张在当时具有颠覆性和革命性。与此相对应的就是武藏不喜欢使用宣誓书或者处罚书这类的形式性质的东西。所谓宣誓书或者处罚书指的是弟子入门时起草的文书,上面明确记载各项誓约条目,如果违背的话甘愿受到神灵的惩罚。这种风气在当时非常流行,不仅仅在其他剑道流派,对学习艺能或者做学问的人而言都是非常重要的仪式。

▫ 风之卷后记

风之卷分九条记载了其他流派的兵法概念。每一个流派本都应该详细记载其入门方法及奥妙所在,但是我特意不这么做。

因为对各个流派理论的理解和评价因人而异,就算是同一流派,其见解也各不相同。因此,为了让后人更容易明白我真正想阐释的内容,本卷中没有详细记载各流派的具体招式。

风之卷

　　其他流派的招式大约可分为九类，主要有偏爱长太刀类、好用短刀类、过分重视力道类等。一言以蔽之，这些都不是兵法正道。本卷中虽没有写明其他流派的入门心法或者秘诀，各位应该也能体会。

　　本派的兵法，不分入门心法和秘诀，也不存在所谓的绝招。最重要的是要自持己心，才能深谙兵法之道。

正保二年（1645年）5月12日　　新免武藏

寺尾孙丞殿

宽文七年（1667年）2月5日　　寺尾梦世胜延

山本源介殿

空之卷

此卷为二刀一流派的兵法之道。所谓的空，是指没有固定形状；无法知道形状的东西也视其为空。当然，空即是没有任何东西。"有"是相对于"无"，知道了"有"，才知道何为"无"，这就是空。

按照世俗之见，事物道理中无法言说的部分则为空，这是对空错误的理解。都是源于执迷不悟。

作为武士，如果不能深刻领悟武士道的精神，就不能做到完全理解空。人们心中各种各样的迷惘和无法排解的部分，虽然也称为空，但这不是真正的空。

作为武士，应该切实掌握兵法之道，修习各类武艺，精通武士之道，心无旁骛，每日修行不怠，磨炼意志，修行内观，做到内心澄澈空明，摒弃一切迷惘，这才是真正的空。

有的人在领悟真正的道之前，不仰仗佛法，也不依赖世俗规则，唯独坚持自己是正确的。从真正的道来看，再对照世间的标准，那些都是由于执迷不悟和一叶障目，其实是偏离了真正的道。

应当把追求真理作为根本，以实事求是作为道，广泛践行

空之卷

兵法之道，切实把握正确方向。当一切迷惘都退去时的空，才是兵法的极致，把空作为道，把道视为空，这是只有通过日夜苦练才能达到的境界。

空中有善无恶，有大智慧，有利，有道。只有习得了兵法的真谛，深知兵法的道理，才能去除一切妄念，到达空的境界。

正保二年（1645年）5月12日　新免武藏

寺尾孙丞殿

宽文七年（1667年）2月5日　寺尾梦世胜延

山本源介殿

# 附录

□ 兵法三十五条[1]

我常年修炼领悟的兵法之道，如今首次记录于笔端，其名为"二刀流"。由于很多内容只可意会不可言传，我只好跟随思想天马行空，还请诸位多多包涵，细细体会。

（一）本派命名为二刀流

我所领悟的兵法之道命名为"二刀流"，即两手各握一把刀，左手握刀并没有实际意义，其目的只不过是让武士习惯单手使用太刀而已。单手使用太刀的好处在于：当两军对战、骑马或者在拥挤的人群中，可以单手自如地使用太刀。这种时候往往无法两手同时握住太刀，只能单手拿刀。刚开始进行单手拿太刀的训练时一般都会感到沉重，但是熟练以

---

[1] 据传，宫本武藏于1641年，受当时藩主细川忠利之命，把毕生的剑道心得体会概括成36条，但是命名却为《兵法三十五条》。本书尊重作者命名，不做改动。

后可以运用自如。比如，弓箭手如果能够熟练掌握拉弓射箭的技巧，必然力道深厚。庶民也是如此，比如让水手练习摇橹，熟练后自然可以胜任。如果让农民练习使用锄头铁锹，习惯后必然力大无比。太刀亦然，只要多加训练自然熟能生巧。只是人和人之间力量有强弱之分罢了，每个人只要根据自己的能力使用太刀即可。

（二）兵法之道

无论是两军对战还是一对一决斗，兵法之道并无分别。在兵法中，如果把脑袋比喻为大将，那么手脚就是君臣，身体就是普通士兵。兵法和修身治国的道理也是相通的。兵法中讲究凡事不多不少、恰到好处，不过于强大也不弱小，从头到脚都同样对待，不要有所偏倚。

（三）太刀的握法

太刀正确的握法是拇指和食指稍稍放松，中指、无名指、小指握紧。太刀和手指都有生死之说。当手握太刀时，当出刀碰到敌人的太刀时，当遭受敌人太刀的攻击时，若没有斩杀敌人的决心，手中的刀就是死刀。所谓的生就是太刀和手部配合良好，既不生硬也不发怵，保持自然的状态。手握太刀时一定要反复确认是否手腕僵硬，是否手臂伸得过长，手臂一定要保持强大的力道。

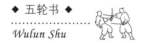

(四)体态

兵法之道的体态应是:脸部保持平衡,既不朝下也不向上。放松肩部,挺直背部,收紧腹部,不要弯腰弓背。让日常的体态成为练习兵法的姿势,让练习兵法的姿势成为日常的体态。请从日常做起。

(五)站立的姿势

脚步的移动根据不同场合有大小步和快慢步之分,但是要保持平常的步履节奏。应该尽量避免两脚跳起或者踉踉跄跄或者原地不动。无论地面情况如何,脚后跟都必须紧紧贴住地面稳稳站住。关于这个内容后面将进一步阐述。

(六)视线

兵法中关于视线应当投向何处,自古以来就有各种说法。但是在我看来,视线要保持与对方脸部同样的高度,眼睛微闭,视线应该注意更宽广之处。在与敌人对决中,保持目不转睛,无论敌人多么靠近自己,都要冷静对待,时刻洞察远处的风吹草动。这样,不仅能够把握眼前敌人的动向,也能眼观八方。在对战中拥有宽广的视野有利于把握整体的动向,这样就能对敌人动静随机应变。视线分为"观之目"和"见之目",学习兵法之道的人应该强化"观之目",弱化"见之目"。意志生于目,但不现于物。关于这一点请仔细体会、多加修炼。

附录

（七）兵法的节奏

凡事都有不同节奏，其他事物的节奏暂且不论，此处且谈谈兵法的节奏。无论学习什么武艺或者技能，想要领悟其道都必须掌握其节奏。兵法中的节奏是，当敌人刚生出挥刀之念时，我方手中的太刀已经砍向敌人。在砍杀敌人的时候，一定要统敌如兵，掌握战斗的节奏。关于这一点请好好体会。

（八）心态

学习兵法之道要保持平常心，敞开心扉，心思澄明，不可过度紧张也不可松懈，思想不可偏激。要时刻提醒自己对事物不要有偏见，要以平常客观的心态去看待事物。水是流动自在的，如果把心态比做水的话，有时候就像一滴水般变化万千，有时候像沧海般宽广稳定。要时刻注意自己的心境，充实强大自己的内心，不要让无谓的事物影响心态。

（九）上、中、下等的兵法

兵法中有各种套路，太刀的刀法也有各种姿势。有的套路看似非常强大迅猛，如果划分等级的话，都不过是下等罢了。有的套路繁复难懂，注重花哨的技巧，节奏快，看起来似乎非常高明，这只不过是中等的套路。真正上等的兵法是不强也不弱，不快也不慢；动作简单明了，没有繁

杂的套路，冷静缓慢。请对照自己所学的套路好好体会。

（十）心中的准则

无论是宁静的日子或是和敌人对决时，心中要时刻装有一把尺子，如此可以领悟更多。这就好比给敌人心灵和身体系上绳子，可以观察到绳子的强弱曲直。换言之，通过绳子的状态就可以体会到敌人是强还是弱，招式正确还是错误。此时对照心中的尺子，就可以知道自己的长处或者短处，可以知道自己正确还是错误。这就是用分析对手的方法了解自己。请多下工夫体会。

（十一）太刀之道

如果不知道真正的太刀之道，就无法游刃有余地使用太刀，因此也无法发挥出太刀的威力。如果不了解太刀的构造，就无法斩杀敌人。如果把太刀当作胁差（比太刀小，质量也轻）使用，在斩杀敌人的时候就容易不自信。因此，要习得真正的太刀之道，就算是很重的太刀也要做到举重若轻，请平日多加训练。

（十二）攻击和触击

攻击和触击是两码事。无论使用何种太刀，攻击是指先牢牢锁定目标，有意识地击打。触击没有明确击打目标，是无意识状态下偶然触碰到。触击有时候可能力道很强，尽管如此，它和攻击仍有明显区别。在对阵中，无论太刀碰到敌人的身体或者碰到敌人的太刀，或者没有碰到敌人，都不要过分在意。如果有时候出击无法有效打击原先的目标，只是碰到敌人，那一定是因为没有保持平常心，乱了阵脚。

（十三）三种先机

兵法中有三种先机。第一，我方先向敌人发起进攻。第二，敌人先向我方发起进攻。第三，敌我双方同时发起进攻。在第一种情形中，我方向敌人发起进攻，身体和太刀要保持同步，不可冒进，要静待时机，既不松懈也不过分紧张，力争动摇敌人内心。在第二种情形中，敌人先向我方发起进攻，要学会抓住敌人进攻节奏变化的空隙，奋力反击一举拿下。在第三种情形中，敌我双方同时发起进攻，我方应不骄不躁强势应对，要调动身体的一切力量以死相拼。在兵法中，占领先机至关重要，是制胜的法宝。

（十四）津渡

在决斗中，当敌我双方厮杀之时，手中的太刀向敌人挥砍，一定要让自己的身体紧贴敌人的身体。这就像逾越重重难关，一旦克服了困难，之后就是康庄大道。关于这一点，请结合前后的条目好好体会。

（十五）化身为刀

当向敌人挥斩太刀时，身体不能和太刀同步。根据敌人进攻的节奏，身体要做好回击的准备，然后出击。或者身体保持不动，太刀挥出击打敌人。太刀、身体和精神若是同步则不可取。心在刀中，刀在心中。请仔细体会。

（十六）阴阳步

阴阳步指的是当太刀每挥斩一次，不要只移动单脚，应该两脚交替移动。无论是斩杀或是撤退还是迎敌，都应该两脚交替移动。挥斩太刀时单脚移动，那必然使身体动作僵硬，无法自如行动。两脚交替移动时注意保持平常的步幅节奏。关于这一点务必好好体会。

（十七）踏剑法

踏剑法是当敌人进攻时，要坦然面对，阻断敌人并将其击溃。面对敌人挥舞的太刀，要有用脚踏平它的坚决心态。踏剑法中的"踏"，即面对敌人将发起的攻击，要用整个身体乃至全部意志毫不犹豫地采取反制行动。若没有这种意识，在战斗中则会处于被动局面，无法获胜。

（十八）知己知彼

在对决中，如果能够洞察敌人内心的想法，那就能知晓敌人的长处和弱点。如此，攻打敌人时应注意扬长避短，如果攻打其薄弱部分，敌人就会乱了阵脚错失良机，我方才能得胜。因此，我方应该沉住气，细心观察敌人的突破口。关于这一点请好好体会。

（十九）打草惊蛇法

打草惊蛇法也称为动影法。影子是指太阳的影子，是肉眼可以看到的。当敌人把太刀放在身后，我方便不易看清敌人意图，此时要时刻关注敌人太刀的动向。身体处于自然放松状态，当敌人有行动的征兆时我方立刻使用太刀进行打击，此时敌人的身体必然会作出反应。从敌人的反应中就可看出其意图，就能根据实际情况加以应对，轻松克敌。以前很少考虑到这一点。现在，一定要谨防被动迎敌，敌人一旦有行动的征兆，就要把握时机打击之。请好好体会。

（二十）松弦法

弦是弓箭的弦。松弦法是敌我双方短兵相接，势均力敌、胜负难分时采用的战术。在对决中，迅速攻击瓦解敌人处于高度紧张状态的身体、太刀、足部、意志。这对敌人来说是意想不到的攻击，能够取得奇效。请一定好好体会这一点。

（二十一）梳子的启示

把缠绕、混杂的状态梳理清楚，在对决中，心中像装着梳子，时刻关注和敌人短兵相接、胜负难分的状态，根据实

际状况采取相应措施。敌我双方混战的状态和敌我双方势均力敌的状态看起来相似,实际上大不相同。敌我双方势均力敌时,我方心态尚强大;若双方混战,战局不明了时则内心会有所畏惧。请仔细体会。

(二十二)兵法的节奏

所谓通晓兵法的节奏,是指根据敌人不同的进攻节奏采用不同的应对措施。敌人进攻的节奏有快有慢,要根据不同的形势采取行动。面对比较冷静的敌人,我方不可轻举妄动,趁敌人还没做好心理准备,先判断敌人的意图后迅速制敌。这是一种节奏。面对迅猛攻击我方的敌人,要从气势上压倒敌人,瓦解敌人的心理防线,一鼓作气连续发起攻击。这称为二重奏。无念无相攻击指的是面对敌人时,首先身体要做好出击的准备姿势,集中注意力,全力以赴准备随时出击,出其不意给予敌人致命一击。所谓慢节奏指的是,当格挡敌人的太刀时,没有把握时机而陷于被动状态,被敌人牵着鼻子走。在战斗节奏这一点上,请多下工夫体会。

(二十三)压枕法

压枕法指的是在实际交战中,如果敌人准备砍劈,一定要提前看破其意图,在他动这个念头之前就立刻压制住他;当敌人准备刺杀时,在他刚想到"刺"这个字时就挡住。压枕法不仅是使用手中的太刀，而是要全身心投入。在战斗中，如果识破敌人的意图，无论是攻打敌人、混入敌群还是破解敌人攻击，我方都将掌握主动权。压枕法适用于兵法的任何场合。请一定好好学习。

（二十四）洞若观火

在兵法中，了解敌人非常重要。在战场上，要了解敌人士气高涨还是低迷，要了解敌人的真正意图，了解敌人的强弱。战场上的情况随时都在发生变化，如果能够随时掌握实时的形势，在任何场合都能应对自如。这需要多加体会。

（二十五）易地而处

在战斗中，站在敌人的角度换位思考非常重要。来敌是单枪匹马抑或千军万马？武艺高超还是拙劣？敌人意图何在？这些都要一一了解。如果不知道敌人内心的恐惧和绝望，就会把弱小的敌人当作强大的敌人，把武艺拙劣的敌人当作武艺高超的敌人。这样，尽管敌人没有任何优势，我方因为畏敌变得消极，则给了敌人可乘之机。因此，一定要学会站在敌人的立场看待战局。

(二十六)残心和放心[1]

残心和放心是根据不同的形势因地制宜。一般情况下,手握太刀时是无意识的。但是,击打敌人时,则要下意识去判断。残心和放心根据不同场合有不同的使用方法,请一定多加思考。

(二十七)机缘击

"缘"指的是契机。在和敌人近距离交战时,面对敌人挥斩而来的太刀,我方可能用太刀格挡、应接或者轻触敌人太刀。请谨记,这些都是斩杀敌人的契机。应接、拍打、回刀这些都是为斩杀敌人做准备。此时应当全身心投入到斩杀敌人中去。其中奥妙请仔细体会。

(二十八)胶漆身法

胶漆身法指的是身体像油漆一样黏住敌人身体,双脚、腰部甚至脸部都要无限靠近。如果这么做的话,对敌时将能施展各种技法。靠近敌人时应当把握好节奏,方法同"压枕法"。在刚想到进攻时就立刻压制住敌人。

---

[1] 残心和放心这两个词由于中文中没有等义的词,故直译。残心在日语中主要用于指剑道和弓道中的心态。在剑道中指击打敌人后要做好心理准备应对敌人的反击。相对于残心而言,放心则是一种放松的心理状态,而不是时刻惦记着要杀敌。

（二十九）秋猴之身

秋猴指的是手臂短小的猿猴。当身体贴近敌人时，要像自己没有左、右手一样用整个身体贴近敌人。在接近敌人时，伸出手臂就是错误的做法。因为如果先伸出手臂，身体必然会远离敌人。但是，左侧肩膀和手腕部分能够派上用场。不应该使用手掌。靠近敌人的方法，参考前面的条目。

（三十）比高法

当靠近敌人身体时，要像和对方比身高一样，坚信自己一定能赢，充分伸展自己的身体。靠近敌人的方法，参考前面的条目。请多下工夫体会。

（三十一）冲撞术

当靠近敌人身体时，尽可能站直身体，伸展腰背，尽量覆盖敌人的身体和太刀，尽量让敌人和自己的身体之间不留空隙。另外，当身体蜷缩时，要尽量保持轻盈，用肩膀强力冲撞敌人的胸部。

（三十二）统敌如兵

真正领悟兵法之道的人，要把敌人当作自己麾下的一个士兵，把自己当作军队的将军。不给敌人任何自由，让敌人的一切行动都按照自己的指示，让战局按照自己的意愿发展，这样敌人就失去考虑各种战术的余裕。这一点非常重要。

（三十三）似有似无的套路

太刀的套路有多种，但是无论使用何种招式，都不可受限于套路，否则身体和太刀就会僵化，无法发挥出应有的作用。无论身处何种状况，手持太刀就要摒弃遵循套路的想法。太刀的招式要根据敌人的态势因地制宜。上段的套路有三种变化，中段、下段、左肋、右肋的套路也同样有多种变化。套路虽然有具体的形式，但不可受制于此。关于这一点请好好体会。

（三十四）磐石之身

磐石之身指的是像磐石一般岿然不动且强大。应该亲身实践兵法中的招数，且无止境。作为一名武士，应当像磐石一样坚不可摧，所有人都惧怕他；像磐石一样让所有的草木都难以扎根，风吹雨打皆不动，这样敌人就没有任何的突破口。从磐石之貌，可窥剑术终极之道，请仔细体会。

（三十五）把握时机

把握时机指的是了解敌人进攻节奏的快慢，知道我方何时进攻，何时撤退。所谓"直道"是指领会二刀一流中太刀的精髓。这些道理很多都只可意会不可言传。

(三十六) 万理一空

空即没有任何东西，兵法中无法用语言说明的地方，需各位细细斟酌。

以上三十五条粗略记载了兵法的根本招式和一些个人心得体会，如果有解释不够清楚的地方，基本和前面所提的类似，请参考。但是"一流派"[1]中有很多内容是无法用文字说明的，皆为口传，还请诸位用心体会。垂阅过程中，若有疑问，将口头说明。

宽永十八年2月吉日（1642年）
新免武藏玄信

---

[1] 《兵法三十五条》先于《五轮书》而作，当时命名为"一流派"。在《五轮书》中，前后命名不一致的情形在各章节均存在。为尊重原文，不做改动。

独行道[1]

1. 不可背离世间之道。

2. 不可贪图享乐。

3. 凡事不可有依赖之心。

4. 不可以个人为中心,需深思世间之事。

5. 终生清心寡欲。

6. 凡事无悔。

7. 勿论善恶,切不可对他人怀恨在心。

8. 凡事不伤别离。

9. 不可存对人诉说怨言之心。

10. 不可沉溺于恋爱。

11. 不可对诸物持好恶之心。

12. 不可追求豪华家屋。

13. 孑然一身,不可好奢侈美食。

14. 不可有传世之古董品。

15. 自身不可拥有豪华之物,不可有伤神之事。

16. 除了必要兵器以外不据有其他多余物品。

---

[1] 《独行道》共21条,记载的是宫本武藏的人生信条,据说由他手书,长97.3厘米,宽16.8厘米,现为熊本县指定重要文化遗产。

17. 为求道不畏死。

18. 年老时不妄得财宝领地。

19. 敬佛神而不求之。

20. 虽身死而不舍弃武士名誉。

21. 常不离兵法之道。

正保二年5月12日

新免武藏

译后记

本书完稿之际,恰逢日本将棋棋手羽生善治达成了日本将棋界首次"永世七冠",成为轰动一时的大新闻。羽生善治的座右铭"内心澄澈空明,排弃一切迷惘"即出自于《五轮书·空之卷》。《五轮书》能够超越时代局限,至今受到世人追捧,其中原因值得深究。

宫本武藏在日本可谓家喻户晓,他在京都与兵法名宿吉冈家族对决,在岩流岛与岩流兵法家决斗的故事,至今仍是许多小说、电影以及电视剧挖掘发挥的题材,并广为传播。《五轮书》亦成为现代日本人在哲学、经营等各方面的指导书籍,在世界各地也有诸多译本与读者。1974年,《五轮书》在美国以 THE BOOK OF FIVE RINGS 为名出版,成为轰动一时的畅销书,热度至今不减。而宫本武藏真实的历史事迹,则留存数种不同的记载,难以考订真伪。关于他生平描述的史料,也是既少又多——在传统正史所聚焦的重要政治、军事活动中,宫本武藏鲜有参与,以至于其生平至今仍有许多空白和争议;然而,相较于其他与宫本武藏身份地位相近的人物来说,各类史料却又异常丰富,足为他的一生描绘出虽然粗略但大体可信的轮廓。

译后记

宫本武藏其人

宫本武藏是江户时代初期的剑术家、兵法家,开创"二天一流"剑道的始祖。他的一生有众多谜团。首先关于他的出生年份,学术界主流之说有两个。一说是1582年,另一说是生于天正十二年(1584年)。按《五轮书》的序文中记载"年六十"推算,《五轮书》完成时间为宽永二十年(1643年)10月10日,宫本武藏应为天正十二年(1584年)所生,卒于正保二年5月19日。其次关于他的出生地,一般认为是播磨国(今兵库县),但是根据《东作志》等史料记载,宫本武藏的出生地为美作国(今冈山县北部)。此外,宫本武藏亦是知名的水墨画家及工艺家,其传世的文艺作品众多,如《鹈图》《枯木鸣鵙图》《红梅鸠图》《正面达摩图》《卢叶图》《卢雁图屏风》《野马图》等水墨画,另有马鞍、木刀等工艺作品,这些都成为日本重要的文化遗产。

青少年时期

宫本武藏青少年时期的史料甚少,但可以肯定,他成长于非常残酷且要时刻保持警惕的环境。根据《兵法大祖武州玄信公传来》(通称《丹治峰均笔记》)记载,宫本武藏之父无二斋也是一名武士,有一次父亲把手中的刀突然扔向毫无防备的宫本武藏,以锻炼其反应能力。

在《五轮书》中,宫本武藏自述在13岁初次决斗便战胜

了新当流的有马喜兵卫,这和北九州市的《新免武藏玄信二天居士碑》(史称《小仓碑文》)的记载相符。《丹治峰均笔记》中虽然没有记载武藏第一次决斗的年龄,但是记载了他打败有马喜兵卫一事。由此可以看出,初出茅庐的武藏拥有非同寻常的膂力和勇气。庆长五年(1600年),石田三成率领的西军与德川家康率领的东军在关原会战争夺天下,即历史上著名的关原之战[1]。根据《五轮书》叙述的人生经历来看,武藏当时十七岁,隶属于石田三成一方的宇喜多秀家,以西军身份参战。根据成书于江户时代中期的武藏传记《二天记》的记载,他在战斗中表现英勇,满心期待能建功立业,成为一国或一城之主。然而,战争的结果是西军大败,石田三成等西军将领或遭斩首,或被没收、削减领地,胜利者德川家康三年后就任征夷大将军。关原之战失利使得武藏的人生理想破灭了,之后他何往何从,史料没有记载。

剑客时期

据《五轮书》,武藏21岁赴京都,与天下兵法家切磋,未尝一败。从天正十二年(1584年)武藏出生推算的话,赴

---

[1] 关原之战是日本战国末期(1600年)爆发的一场大规模内战,几乎所有诸侯(大名)都卷入了战争。交战双方为德川家康领下的东军和石田三成领导的西军,战争结局是东军取胜,德川氏最终灭掉丰臣氏,统一日本,由此确立了近300年的德川幕府。

译后记

京应是庆长九年（1604年），也就是关原之战四年后。关原之战的失利使得武藏理想落空，为了扬名立万，他辗转各地和众多武士决斗。据自述，从13岁到29岁，决斗60余次，无一失手。

根据北九州市《新免武藏玄信二天居士碑》记载，武藏最先挑战的是"扶桑第一之兵术吉冈"，应是指吉冈流一门。这次决斗在众多文学作品中都有记载，虽有出入，但大致情节都是武藏先战胜门主吉冈清十郎，再击杀其弟传七郎。为了复仇，清十郎之子又七郎发起第三次挑战。相传，为了打败武藏，吉冈门下几十上百人前来助阵。然而，面对吉冈的全员围剿，武藏仍然在斩杀了少主又七郎后全身而退，吉冈流一门也因此断绝。

但是，武藏虽然打败了当时闻名遐迩的吉冈家，却没有一个大名向他伸出橄榄枝。当时德川政权已经建立，战乱终结，武士阶层的境况已经大不如前，武藏只好继续漂泊各地。

岩流岛决斗

在武藏的事迹中，最广为人知的莫过于"岩流岛决斗"，也就是庆长十七年在长门国（今本州山口县下关市）的舟岛（关门海峡上的岩流岛），与岩流的兵法家佐佐木小次郎对决的故事。武藏自认穷究剑术之道，在《兵道镜》中自诩天下第一。但是，他听说佐佐木小次郎被小仓地区的细川藩尊为天下无双的剑术方家并招至门下，成为剑术教头，顿生落差感，萌生挑战的念头。他认为，若是能打败佐佐木小次郎，就能实现梦想，成为名副其实的天下第一剑客。

据《二天记》记载，1612年4月，武藏前往小仓向佐佐木小次郎发出挑战。据第三方记载，关于这场决斗的真实性和武藏取胜已经没有太大争议，但仍有许多谜团迄今未解。首先，不论从武藏传人的记述或第三方记载来看，这一战都名动一时，但武藏自己的论著不知为何却只字不提。其次，不论决斗的起因，抑或武藏对手佐佐木小次郎的姓、名、出身背景，以及决斗的过程等，各种资料均有歧异。根据《小仓碑文》的记载，武藏和佐佐木小次郎同时到达岩流岛；《丹治峰均笔记》的记载是武藏先于小次郎到达；《二天记》的记载却是武藏迟到，佐佐木小次郎感到非常愤怒。真相已经无从考究，但是在《五轮书》中，武藏认为激怒对手、扰乱敌心是对决的重要招数之一。从这个角度来考虑，武藏迟到一说更为可信。

然而，决斗的胜利并未给武藏带来所期待的结果，细川藩惧于德川家康的势力，无法接纳曾在关原之战中为石田三成而战的武藏。根据《二天记》的记载，武藏再次提出要和细川藩的家臣决斗，但没有得到回应。他愤懑不已，自己已经是天下第一的剑客，却得不到认可，只好再次踏上流浪之途。

译后记

武藏生于下克上的战国时代,认定只要拥有实力,一定能够出人头地,但却一再事与愿违。因为彼时的日本处于江户初期,社会已经不需要武艺高超的剑客,而是稳定有序的运转规则和组织。岩岛流决斗无论对当时的社会还是对武藏个人,都是一个巨大的转折点。

客将时期

岩岛流决斗后,武藏依然失意地辗转各地。这期间,他参加了日本历史上著名的大坂之役。这场战争是江户时代早期在大坂城附近(今大阪府大阪市中央区)江户幕府消灭丰臣家的战争,包括在1614年11月—12月的大坂冬之阵以及1615年5月的大坂夏之阵。

据福山藩小场家的记录《大阪御阵御人数附觉》记载,大坂之役之中,武藏以德川军名义参战,并立下军功,《二天记》中有"武藏军功证据有"的记载。此后,德川家康完全控制了天下,改年号为元和,史称"元和偃武",延续了将近两个世纪的战乱终于结束,相对和平的江户幕府时代开始了。对武藏这样以战场厮杀为人生意义的人来说,这是一个巨大的打击,意味着他彻底失去了展现毕生修行的剑术的舞台。在这之后,武藏开始拜访各地大名,寻求仕官的门路。

但是,他却一直郁郁不得志:一方面,战乱已经结束,社会稳定，各地大名已不再需要蓄养众多武士；另一方面，武藏本身的态度也使他连连受挫。据《丹治峰均笔记》记载，有位将军仰慕武藏的名声，请他到江户（即东京）教习剑术，武藏听闻这位将军已有柳生宗矩做剑术指导，他觉得自己曾经击败天下第一的剑道高手佐佐木小次郎，现在却要成为柳生宗矩的手下，无论如何也无法接受，因此拒绝了将军的好意。还有一种说法是，武藏提出三千石的高薪要求，三千石是当时幕府重臣的薪酬水平，和平年代没有人愿意出这么高的薪水雇用一个武士。

武藏毕生修炼剑术，成为名副其实的天下第一剑客。年过四十却没有出人头地，依旧孤身一人，膝下无子。武藏深刻感受到了时代的变化，于是收养了播磨武士侍田原久光的次男伊织为养子，希望他能够学习适应时代变化的学问，走一条和自己不一样的人生道路。宫本伊织没有辜负武藏的期待，15岁就追随小笠原忠真，在宽永八年（1631年）年仅20岁时便成为小笠原家的重臣。

宽永十五年（1638年），岛原之乱[1]爆发，小笠原忠真与侍从宫本伊织出兵镇压，武藏也参与其中。根据《二天记》的记录，在这场战役中，武藏只是在后方指挥。岛原之

---

[1] 岛原之乱是江户幕府初期（1634—1638年），在岛原地区爆发的一次农民起义。

译后记

乱后武藏寄给有马直纯的书信中,写道"我被石墙上扔来的石头砸到脚,动弹不得",由此推断,武藏曾被当时的起义军投石击中而负伤。这可能是武藏过于想在战场上建功立业,却疏忽大意而受伤。苦练剑术50年,却无用武之地,想必武藏无比失落。

岛原之乱后

宽永十七年(1640年),武藏受熊本城城主细川忠利的邀请移驻熊本城。接受邀请时他提出:"我年事已高,孤身一人,无需太高俸禄。请为我准备一副武士的装备及一匹骏马。"武藏曾经拒绝将军的邀请,提出三千石的薪水要求,但在步入老年、找到归宿时,他所希望的不是高额的薪水而是武士的装备和骏马,可见即便是老了,他依然没有失去作为武士要在战场上扬名立万的气概。

之后,武藏在细川藩为细川忠利做剑术指导和政治参谋。漂泊大半生的武藏终于安定下来,开始潜心于书画这个全新的世界。他在《五轮书》中说:"我把在兵法上所领悟的真髓融会贯通于各个领域,无师自通地学会了多门技艺。"也可能是因为无法施展剑术上的才华,为了排遣虚无和挫败感,武藏开始寄情书画。在这期间,忠利拜托武藏将剑道的奥妙整理成书,这就是后来的《兵法三十五条》。此书记载了学习剑道应该掌握的基本方法和心得体会。然而,此书完成后的第二个月,细川忠利猝死。痛失知音,武藏遭受极大的打击,于宽永二十年(1643年)隐居九州肥后岩户山下的灵岩洞。

在武藏的人生历程中,他坚信强者的价值,一生致力于磨炼剑术。回顾他的一生,既有和众多高手决斗的快意情仇,也有辗转各家大名却不被赏识的郁闷屈辱,晚年终于遇到明主细川忠利,却君臣不能长伴。剑道究竟是什么,难道只是挥舞太刀打倒对手的技艺?在闭关的过程中,武藏萌生出新的想法,他认为自己穷究的剑道应该能应用于所有事物,而不仅只对学习剑道的人有指导意义,于是开始执笔撰写《五轮书》。《五轮书》以《兵法三十五条》为参考,内容不限于阐述剑术技巧,更是充满智慧的人生指南书。在长达两年的写作中,他呕心沥血,精力渐渐耗尽。在细川藩家臣的劝说下,他回到了熊本城,其后在病床上依旧笔耕不辍。1645年5月12日,一代剑客宫本武藏的毕生著作《五轮书》终于完稿。在逝世前数日,武藏把《独行道》与《五轮书》合称为"自誓书",并授予弟子寺尾孙之允。正保二年(1645年)5月19日,宫本武藏走完了他的一生。

纵观武藏的一生,生于战国时代,青壮年时期社会趋于统一和安定,他身怀绝技却颠沛流离。按照庸俗的价值观来看,很难说他的人生是成功的。但是,在生活的逆流中,武藏始终没有迷失方向,为实现自己的人生理想而

译后记

不断奋斗。这也是武藏及其《五轮书》风靡至今的重要原因之一。瞬息万变的现代社会，每个人都在追问人生的意义，也常常自问心安何处。武藏绝不言弃的一生或许能够成为人生路上的参考；其著作《五轮书》或许能为这不安的时代提供方向指引。